体育运动

足球 篮球
ZUQIU

主编 岳 言 王晓磊
　　　杨 勇 杨志亭

走进**大自然**
走到阳光下
养成**体育锻炼**好习惯

吉林出版集团股份有限公司 全国百佳图书出版单位

图书在版编目（CIP）数据

足球 篮球 / 岳言，王晓磊等主编．—长春：吉林出版集团股份有限公司，2011.5（2024.1重印）

ISBN 978-7-5463-5262-6

Ⅰ．①足… Ⅱ．①岳… ②王… Ⅲ．①足球运动—青年读物②足球运动—少年读物③篮球运动—青年读物④篮球运动—少年读物 Ⅳ．①G843-49②G841-49

中国版本图书馆 CIP 数据核字（2011）第 081742 号

足球 篮球

主编	岳言 王晓磊 杨勇 杨志亭
责任编辑	沈航
出版发行	吉林出版集团股份有限公司
印刷	三河市同力彩印有限公司
版次	2011 年 7 月第 1 版　2024 年 1 月第 9 次印刷
开本	787mm×1092mm　1/16　印张 10　字数 100 千
地址	吉林省长春市福祉大路 5788 号　邮编 130000
电话	0431-81629968
电子邮箱	11915286@qq.com
书号	ISBN 978-7-5463-5262-6
定价	45.80 元

版权所有　翻印必究

如有印装质量问题，请寄本社退换

《体育运动》编委会

主　任　宛祝平

编　委　支二林　方志军　王宇峰　王晓磊　冯晓杰
　　　　　田云平　兴树森　刘云发　刘延军　孙建华
　　　　　曲跃年　吴海宽　张　强　张少伟　张铁民
　　　　　李　刚　李伟亮　李志坚　杨雨龙　杨柏林
　　　　　苏晓明　邹　宁　陈　刚　岳　言　郑风家
　　　　　宫本庄　赵权忠　赵利明　赵锦锦　潘永兴

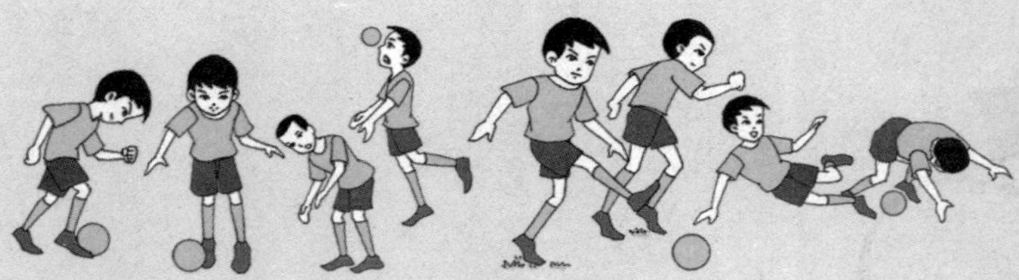

目录

足球

第一章 运动保护
第一节 生理卫生……………………2
第二节 运动前准备…………………3
第三节 运动后放松…………………8
第四节 恢复养护……………………10

第二章 足球概述
第一节 起源与发展…………………12
第二节 特点与价值…………………14
第三节 大型赛事与组织……………15

第三章 足球场地、器材和装备
第一节 场地…………………………18
第二节 器材…………………………20
第三节 装备…………………………21

第四章 足球基本技术
第一节 熟悉球性……………………24
第二节 踢球…………………………28
第三节 接球…………………………32
第四节 运球…………………………37
第五节 头顶球………………………42

目录 CONTENTS

第六节 守门员技术.....................44
第五章 足球基础战术
第一节 比赛阵形.....................50
第二节 进攻战术.....................56
第三节 防守战术.....................65
第六章 足球比赛规则
第一节 程序.....................70
第二节 裁判.....................72

篮球
第七章 篮球概述
第一节 起源与发展.....................78
第二节 特点与价值.....................79
第八章 篮球场地、器材和装备
第一节 场地.....................84
第二节 器材.....................87
第三节 装备.....................88
第九章 篮球基本技术
第一节 移动技术.....................92
第二节 进攻技术.....................102

目录 CONTENTS

　　第三节　防守技术..........................117
　　第四节　抢篮板球技术....................125
第十章　篮球基础战术
　　第一节　进攻战术..........................130
　　第二节　防守战术..........................136
第十一章　篮球比赛规则
　　第一节　程序................................144
　　第二节　裁判................................147

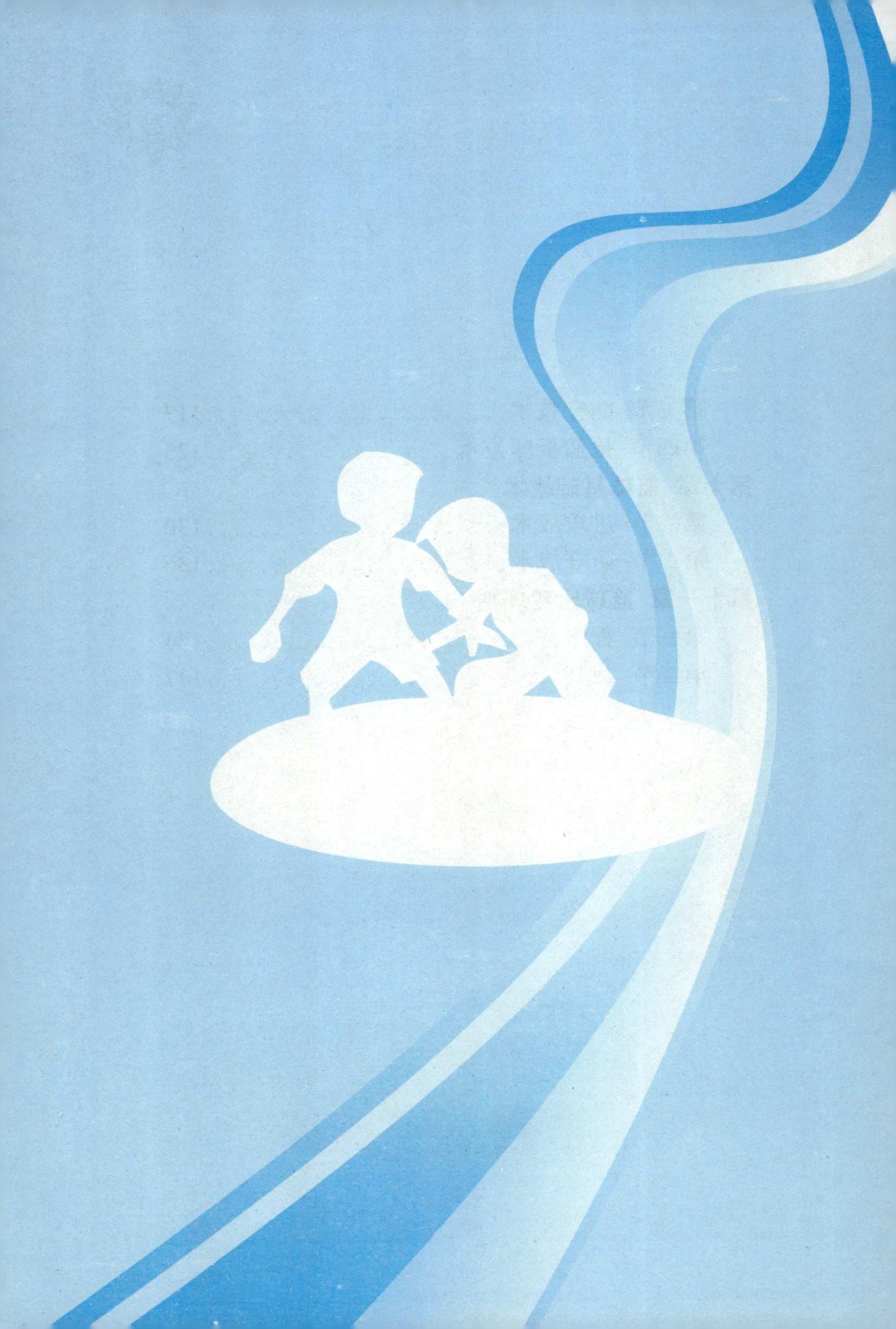

足球

第一章 运动保护

"生命在于运动",但是盲目、不科学的运动非但不能起到强身健体的作用,反而会给身体带来一定的伤害。只有掌握体育锻炼的一般性生理卫生知识,科学地进行体育锻炼,才能起到健身强体的作用。

第一节 生理卫生

青少年在进行体育运动时，除了应进行一般性的身体检查和必要的咨询外，还要注意培养运动兴趣和把握适当的运动强度。

一、培养运动兴趣

在进行体育运动前，必须培养自己对体育运动的兴趣。培养对体育运动的兴趣方法有很多，如观看体育比赛，与同学、朋友进行体育比赛等。有了浓厚的兴趣，就能自觉地投入体育运动之中，从而达到理想的体育锻炼效果。

二、把握运动强度

因为青少年进行体育运动，主要是在享受体育运动的过程中增强体质，提高健康水平，而不仅是为了创造运动成绩，所以运动强度不宜过大。控制运动强度最简单的办法是测定运动时的脉搏。对青少年来说，运动时的脉搏控制在每分钟140次左右较为合适。

第二节 运动前准备

运动前进行充分的准备活动，对于青少年来说是非常重要的。一些青少年体育运动爱好者，常常不重视运动前的准备活动，导致各种运动损伤，影响运动效果，也容易失去对体育运动的兴趣，从而产生对体育运动的畏惧心理。因此，青少年在进行体育运动前，必须做好充分的准备活动。

一、准备活动的作用

运动前做好充分的准备活动能够对肌肉、内脏器官有很大的保护作用，同时还可以提前调节运动时的心理状态。

（一）提高肌肉温度，预防运动损伤

运动前进行一定强度的准备活动，不仅可以使肌肉的代谢过程加强，温度增高，黏滞性下降，提高肌肉的收缩和舒张速度，增强肌力，同时还可以增加肌肉、韧带的弹性和伸展性，减少由于肌肉剧烈收缩而造成的运动损伤。

（二）提高内脏器官的功能水平

内脏器官的功能特点之一就是生理惰性较大，即当活动开始、肌肉发挥最大功能水平时，内脏器官并不能立刻进入

最佳活动状态。

(三)调节心理状态

青少年进行体育锻炼不仅是身体活动,同时也是心理活动。研究证明,心理活动在体育锻炼中起着非常重要的作用。体育锻炼前的准备活动,可以起到心理调节的作用,即接通各运动中枢间的神经联系,使大脑皮层处于最佳兴奋状态。

二、如何进行准备活动

一般来说,准备活动主要应考虑内容、时间和运动量等问题。

(一)内容

准备活动可分为一般准备活动和专项准备活动。一般准备活动主要是一些全身性的身体练习,如跑步、踢腿、弯腰等。一般性准备活动的作用在于提高整体的代谢水平和大脑皮层的兴奋状态,减少运动损伤的发生。专项准备活动是指与所从事的体育锻炼内容相适应的动作练习。

下面介绍一套一般性准备活动操,供青少年运动前使用。这套活动操主要包括头部运动、肩部运动、扩胸运动、体侧运动、体转运动、髋部运动和踢腿运动等。

1. 头部运动

头部运动的动作方法(见图1-2-1)是：

两手叉腰，两脚左右开立，做头部向前、向后、向左、向右以及绕环运动。

2. 肩部运动

肩部运动的动作方法(见图1-2-2)是：

手扶肩部，屈臂向前、向后绕环以及直臂绕环。

3. 扩胸运动

扩胸运动的动作方法(见图1-2-3)是：

屈臂向后振动及直臂向后振动。

4. 体侧运动

体侧运动的动作方法(见图1-2-4)是：

两脚左右开立，一手叉腰，另一臂上举并随上体侧屈而摆动。

5. 体转运动

体转运动的动作方法(见图1-2-5)是：

两脚左右开立，两臂体前屈，身体向左、向右有节奏地扭转。

6. 髋部运动

髋部运动的动作方法(见图1-2-6)是：

两脚左右开立，两手叉腰，髋关节放松，向左、向右各做360°旋转。

7. 踢腿运动

踢腿运动的动作方法(见图1-2-7)是：

两臂上举后振，同时一腿向后半步，然后两臂下摆后振，同时向前上方踢腿。

图 1-2-1

图 1-2-2

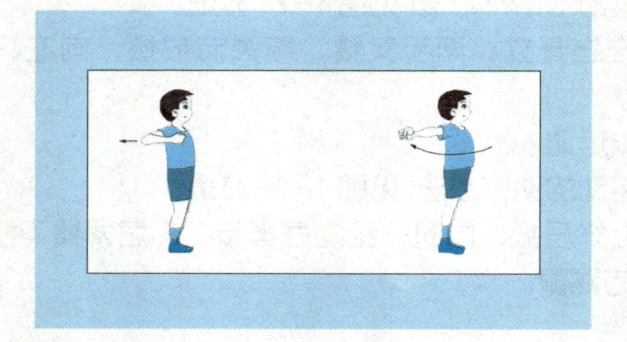

图 1-2-3

YUNDONG BAOHU 运动保护

图 1-2-4

图 1-2-5

图 1-2-6

007

图 1-2-7

(二)时间和运动量

准备活动的时间和运动量随体育锻炼的内容和量而定，由于以健身为目的的体育运动量较小，因此准备活动的量也相对较小，时间也不宜过长，否则，还未进行体育锻炼身体就疲劳了。半小时的体育锻炼，准备活动时间一般以10分钟左右为宜。

第三节 运动后放松

进行剧烈的体育运动后，有些青少年习惯坐在地上，或是直接躺下来休息，认为这样可以快速消除疲劳。其实不然，这样做的结果不仅不能尽快地恢复身体功能，反而会对身体产生不良影响，正确的做法应该是运动后做一些整理活动，放松身体。

一、运动后整理活动的必要性

运动后的整理活动不但可以避免头晕等症状，还可以有效地消除疲劳。

(一)避免头晕

人体在停止运动后，如果停下来不动，或是坐下来休息，静脉血管失去了骨骼肌的节律性收缩，血液会由于受重力作用滞留在下肢静脉血管中，导致回心血量减少，心血输出量下降，造成暂时性脑缺血，出现头晕、眼前发黑等一系列症状，严重者甚至会出现休克。为了避免这些症状的发生，整理活动是非常必要的。

(二)消除疲劳

除了避免头晕等症状的发生，运动后的整理活动还可以改善血液循环状态，达到快速消除疲劳的目的。

二、放松方法

在运动后放松时，应注意以下几个问题：

(1)做一些放松跑、放松走等形式的下肢运动，促进下肢静脉血的回流，防止体育锻炼后心血输出量的过度下降；

(2)在下肢活动后进行上肢整理活动，右臂活动后做左臂的整

理活动，通过这种积极性休息，使身体功能得到尽快恢复；

（3）整理活动的量不要过大，否则整理活动又会引起新的疲劳；

（4）在进行整理活动时，应当保持心情舒畅、精神愉快的感觉。

第四节 恢复养护

人体在运动后，除采用休息和积极性体育手段加速身体功能的恢复外，还可以根据体育运动的特点，补充不同的营养物质，以尽快消除疲劳。

体育运动结束后，人体内会产生一种叫作乳酸的酸性物质，它的积累会造成机体的疲劳，使恢复时间延长。所以，我们在体育运动后，应多补充一些碱性食物，如蔬菜、水果等，而动物性蛋白等肉类食品偏"酸"，在运动后的当天可适当减少。

第二章 足球概述

足球运动是世界上开展最广泛、影响最大的一项体育运动,号称"世界第一运动",深受世界各国人民的喜爱,吸引着无数青少年投身绿茵场,强身健体,寻找欢乐。

第一节 起源与发展

足球运动的历史可以追溯到我国战国时期，而现代足球运动从 19 世纪末诞生至今，在组织上和赛事上逐渐发展并日趋完善。

一、起源

"足球起源于中国"，这是前国际足球联合会主席阿维兰热在 1985 年举行的世界少年足球锦标赛开幕式上说过的一句话。

据史料记载，我国早在战国时期就有了足球运动。当时，古人将毛发填充进球状的皮囊内，用脚踢着玩，称之为"蹴鞠"。到了唐代，因唐太宗、唐玄宗都很喜爱这项活动，"蹴鞠"便在宫廷内十分流行，并有了明确的比赛制度，文献记载其为"蹴球"（见图 2-1-1），与现代足球相似。

如果说古代足球运动起源于中国，那么现代足球运动的诞生地则是英国。1863 年 10 月 26 日，英国 11 家足球俱乐部的代表在伦敦举行会议，成立了世界上第一个足球运动组织——英格兰足球协会。为此，国际上都把 1863 年 10 月 26 日作为现代足球运动的诞生日，并认为现代足球运动起源于英格兰。

图 2-1-1

二、发展

英格兰足协的成立，带动了欧洲和拉美一些国家足球运动的蓬勃发展。1872年，英格兰和苏格兰之间进行了历史上第一次协会间的足球比赛；1890年，奥地利开始举办足球锦标赛；1889年，荷兰和阿根廷出现了若干个足球组织；1900年，西班牙巴塞罗那成立了加泰罗尼亚足球协会。这些专项比赛和足球组织的出现，为国际性足球组织的建立创造了条件。

1904年5月21日，国际足球联合会（简称"国际足联"，英文缩写为FIFA）在法国巴黎正式成立，法国等7个国家的代表和代理人在有关文件上签字。1904年5月23日，国际足联召开了第1届全体代表大会，法国的罗伯特·盖林被推选为首任国际足联主席。

国际足联的创立，标志着足球作为一项世界性的体育运动项目登上了世界体坛。目前，国际足联总部设在瑞士苏黎世希茨希11号国际足联大厦，是世界足球运动的最高权力机构。

第二节 特点与价值

足球运动被冠以"世界第一运动"的美誉，主要原因在于它的特点与价值。

一、特点

足球运动的特点主要体现在参与性和观赏性上。

(一)参与性强

足球运动的设备简单，运动场地的大小可依据参加人数的多少而定，球门可以用砖头和衣物等代替，规则简单易懂，人人都可以参加。

(二)观赏性强

高水平的足球比赛，场面紧张、激烈、精彩，战局跌宕起伏、变化莫测、引人入胜，往往胜负难料，最后时刻才见分晓，具有很强的观赏性。

二、价值

足球运动不但能够满足个人的生理、心理需求，表现参与者的个人情感，还能体现一个国家的民族特性。世界足球强国（如巴西、意大利、法国等）的运动员在比赛中都体现了鲜明的技战术风格，这些不同的风格则是运动员个人身体条件、心理素质以及本民族文化综合作用的结果。

第三节 大型赛事与组织

现代足球运动发展至今，已经形成了成熟的组织机构和大型赛事。

一、国际足联组织的大型比赛

国际足联组织的大型比赛有：
（1）世界杯足球赛；
（2）奥运会足球赛；
（3）世界青年足球锦标赛；
（4）世界少年足球锦标赛；
（5）女子世界杯足球赛；
（6）联合会杯；
（7）世界俱乐部冠军杯；
（8）世界杯室内5人制足球赛。

二、国际足联所属六地区足球协会

国际足联所属六地区足球协会为：
（1）欧洲足球联合会（UEFA）；

（2）亚洲足球联合会（AFC）；
（3）非洲足球联合会（CAF）；
（4）南美洲足球联合会（CONMEBOL）；
（5）中北美洲及加勒比海足球联合会（CONCACAF）；
（6）大洋洲足球联合会（OFC）。

第三章 足球场地、器材和装备

　　足球运动对相关设施的要求不高,这也是它能够得到广泛开展的一个重要原因。

第一节 场地

足球运动的场地大小可依据比赛的规范性程度和参加比赛的人数而定,常见的有11人制、7人制和5人制比赛场地等。

一、11人制比赛场地

足球比赛场地应为长方形,在长90～120米、宽45～90米范围内均可(见图3-1-1)。国际11人制比赛场地的大小为长100～110米、宽64～75米。

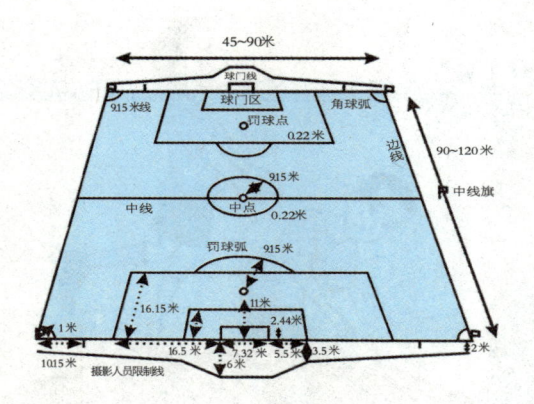

图3-1-1

二、小型比赛场地

相对 11 人制足球比赛场地，以锻炼身体为目的的足球活动多为 7 人制或 5 人制，比赛场地较小，易于开展。

(1)7 人制比赛场地一般是标准场地面积的 1/2，长 60～70 米，宽 40～50 米，球门宽 5 米，高 2 米（见图 3-1-2），平时锻炼时，球门可用砖头、衣物等代替；

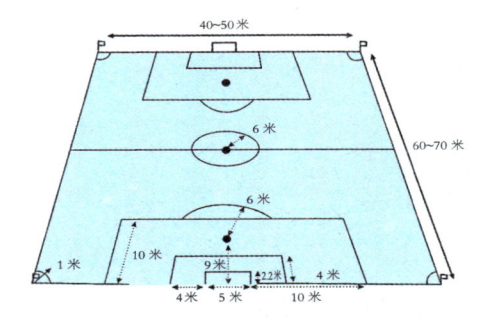

图 3-1-2

(2)5 人制比赛场地一般为长 25～42 米、宽 15～25 米的长方形场地（见图 3-1-3），标准的 5 人制场地为长 38～42 米、宽 18～22 米。

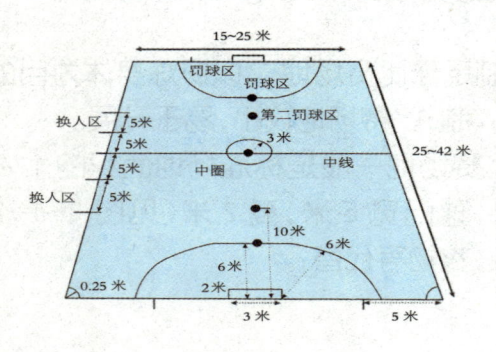

图 3-1-3

第二节 器材

足球比赛的主要器材是球。从足球产生至今,已经繁衍出了一代又一代的足球。现代足球用皮革或代用材料制成。从使用对象来讲,足球又有比赛标准用球、少年儿童用球和成人用球之分。

(1)比赛标准用球周长为68～70厘米,重量为410～450克,平时进行足球活动时只需将球从胸部位置自由落体,反弹高度大概与腰平齐即可;

(2)少年儿童用球周长为50～60厘米,重量为280～310克(三号球);

(3)成人用球周长为62～66厘米,重量为390～430克(四号

球），也可以用标准足球（五号球）。

第三节 装备

参加足球运动应当配备必要的装备，这主要出于对足球运动安全性的考虑。

一、运动服

由于地域、天气等不同，因此对服装的要求也有所不同。对于经常参加足球运动的人来说，应备有3套服装，即短衫、短裤（夏季），长衫、短裤（春季、秋季）和防风厚装长衣、长裤（冬季）。运动服装采用吸汗效果较好的纯棉质材料为宜。

二、护袜

足球运动使用的长筒袜源自英格兰的一种传统民间装束。我们平时进行足球锻炼时，可以穿一般的运动袜，目的是防止脚出汗后在球鞋里打滑而造成脚踝扭伤。

三、护腿板

护腿板的佩戴位置是将其紧固于小腿的胫骨前面，目的是防止运动时胫骨损伤。我们在进行足球锻炼时，要有强烈的自我保护意识，一定要养成佩戴护腿板的良好习惯，千万不要图省事而在踢球时不戴或不正确佩戴护腿板,造成运动损伤,影响锻炼效果。

四、鞋

现代职业球员用鞋多用合成材料制成,重量更轻,皮质与球表面的摩擦力更强,分为六钉球鞋和多钉球鞋两种。六钉球鞋多在湿滑的雨天使用,青少年在进行足球锻炼时穿布质胶底球鞋即可。

另外,在进行足球运动时除了穿戴必要的足球装备外,不得使用或佩戴可能危及自己或其他队员安全的装备和物件。

第四章 足球基本技术

足球技术是运动员在比赛中所采用的符合规则且合理的各种攻守动作的总称。足球基本技术分为熟悉球性、踢球、接球、运球、头顶球和守门员技术等。

第一节 熟悉球性

熟悉球性是练习其他各项足球技术的基础，一般可通过颠球、拉球和拨球等练习来完成。

一、颠球

颠球是足球运动的基本功，是熟悉球性的重要手段，在整个足球技术中占有很大比重。颠球按照身体部位可分为：双脚脚背正面颠球、腿部颠球、肩部颠球和头部颠球等。

（一）双脚脚背正面颠球

双脚脚背正面颠球常用于停球和传球，特点是自然、舒展，动作方法（见图4-1-1）是：

（1）脚踝不要紧张，用脚尖将足球挑起，在球落地的时候，用脚背正面前1/2处，小力量击打球下部；

（2）利用脚踝带动脚面向后略为抖动，使球产生后旋转；

（3）迅速换脚，同样动作方法，双脚反复轮换；

（4）脚背正面颠球主要是小腿摆动，尽量不要带动大腿，以免使球远离自己的身体。

图 4−1−1

(二)腿部颠球

腿部颠球常用于停高空下坠球,特点是停球平稳,有助于动作的衔接,动作方法(见图 4−1−2)是:

(1)将球抛起后,在球下落时用大腿正面中部击打来球,大腿要尽量抬平;

(2)使球重新向上;

(3)迅速换腿,身体不要弯曲,与臀部呈 90°角,同样动作方法反复练习。

图 4−1−2

(三)肩部颠球

肩部颠球是颠球技术中较难掌握的一种技术,在足球比赛中常用于传突发高空来球,特点是隐蔽性强,有时能达到意想不到的效果,动作方法(见图4-1-3)是:

(1)将球抛过头顶,在球下落时快速抖肩,双肩应放松,切勿紧绷;

(2)击打球中底部,使球重新向上,来球时抖肩要迅速,部位要准确;

(3)迅速换肩,同样动作方法,双肩反复轮换。

图4-1-3

(四)头部颠球

头部颠球在足球比赛中常用于进攻射门或防守解围,特点是空中优势强,射门进攻时守门员难以防范,动作方法(见图4-1-4)是:

(1)将球抛过头顶,来球时不要闭眼;

(2)在球下落时用额头击打球中底部,使其重新向上;

（3）击打球时腰部应发力，颈部保持平衡，同样动作方法反复练习。

图 4-1-4

二、拉球

拉球是指用前脚掌触压球，并向某一方向拉动的动作方法。拉球到位后，通常要连接一个推拨动作，使球离开原地。拉球在足球比赛中常用于过人变向前或传球射门前的准备动作，特点是动作幅度小，易于掌控，动作方法（见图 4-1-5）是：

（1）面对来球方向，用前脚掌触压足球，脚掌压球不要太紧，以免拉动不灵活；

（2）转身将球拉至身体另一侧，换脚，同样动作方法反复练习；

（3）髋关节转动要明显，才能使拉球变向明显。

图 4-1-5

三、拨球

拨球是指用脚的内侧或外侧连续触碰球的边侧，使球向内侧或外侧连续滚动的技术动作。拨球在比赛中常用于传球或过人前的准备，特点是简单，易掌握，是初学者较为常用的一种技术，动作方法（见图 4-1-6）是：

（1）左脚站立支撑，面向足球；

（2）右脚脚背内侧触碰球的外侧，使球向一侧滚动；

（3）接着用脚背外侧触碰球内侧，使球向另一侧滚动，同样动作方法反复练习。

图 4-1-6

第二节 踢球

踢球是足球基本技术中的主要技术，要求球员有目的地把球踢向预定目标——传给同伴或射门，是完成战术配合的主要手段。踢球的方法有很多，主要有脚背正面踢球、脚内侧踢球、脚背内侧踢球和脚背外侧踢球等。

一、脚背正面踢球

脚背正面踢球是指用脚背正面部位接触球的一种技术动作。脚背正面踢球常用于踢定位球、空中球、反弹球和倒勾球等，特点是踢球腿的摆幅大、摆速快、力量大，出球方向单一，动作方法（见图4-2-1）是：

（1）直线助跑，最后一步略大，支撑脚踏球侧方约10厘米处，脚尖正对出球方向，膝关节略屈，小腿顺势上提，随前摆动；

（2）支撑脚着地同时，以髋关节为轴，大腿带动小腿由后向前摆，当膝盖摆至接近球正上方的刹那间，小腿做爆发式前摆，脚踝紧绷，脚趾扣紧，以脚背正面击球后中部，踢球腿提膝，随球继续前摆。

图4-2-1

二、脚内侧踢球

脚内侧踢球是指用脚内侧接触球的一种技术动作。脚内侧踢球常用于踢定位球，直接踢来自各个方向的地滚球、反弹球、空中球,特点是脚与球的接触面积大,出球平稳、准确。但由于踢球时,踢球腿必须屈膝外展,腿的摆幅和摆速都受到一定程度的限制,因此出球力量小,动作方法(见图4-2-2)是:

(1)直线助跑,支撑脚踏在球侧方约15厘米,膝关节略屈,在支撑脚着地的同时踢球;

(2)腿以髋关节为轴,由后向前摆,在前摆过程中屈膝外展,踢球脚的脚内侧正对出球方向;

(3)小腿急速前摆,脚尖略翘起,脚底与地面平行,用脚内侧击球后中部,踢球脚随球落地。

图 4-2-2

三、脚背内侧踢球

脚背内侧踢球是指用脚背里侧(俗称里脚背)触球的一种技术动作。脚背内侧踢球常用于中距离射门和传球,特点是踢摆动作舒展、幅度大,脚触球面积大,出球平稳有力,性能和线路富于变化,动作方法(见图4-2-3)是:

(1)斜线助跑,助跑方向与出球方向约呈 45°角,支撑脚踏在球后方约 25 厘米处,膝盖略屈,脚尖指向出球方向,重心略倾向支撑脚一侧;

　　(2)踢球腿以髋关节为轴,由后向前摆,击球后踢球腿顺势前摆着地。

图 4-2-3

四、脚背外侧踢球

　　脚背外侧踢球是指用脚背外侧(俗称外脚背)触球的一种技术动作。脚背外侧踢球常用于传球和定位球射门,特点是出脚快,隐蔽性较强,摆腿动作小,能利用膝、踝关节的灵活变化改变出球方向和性质,实用性较强,动作方法(见图 4-2-4)是:

　　(1)脚背外侧踢球方法类似于脚背正面踢球,只是摆腿时脚趾向内扣紧斜下指,用脚背外侧击打球中后部;

　　(2)击球后,踢球腿顺势前摆着地。

图 4-2-4

第三节 接球

接球是指球员运用身体有效部位，将运行中的球有目的地接控在所需位置上的动作方法。良好的接球能力是保证进攻战术顺畅的重要因素。接球按触球部位可分为脚部接球、胸部接球、大腿接球、腹部接球和头部接球等，这里主要介绍脚部、胸部和大腿3种接球方法。

一、脚部接球

脚部接球是指用脚内侧、外侧、脚掌或其他部位，将来球接控在所需位置上的动作方法。脚部接球的动作方法较多，运用广泛，是接球技术的基本内容。

(一)脚内侧接球

脚内侧接球技术常用于比赛中的各种接球环节,特点是接球平稳,可靠性强,动作灵活多变,动作方法(见图 4-3-1)是:

(1)接球时身体正对来球,判断来球的速度和方向,选好支撑脚位置,膝关节略屈;

(2)接球脚根据来球状态相应提起,膝、踝关节旋外,脚尖略翘,脚内侧对准来球,触球刹那间,接球部位做相应的引撤或变向接球动作,将球控制在所需要的位置上。

图 4-3-1

(二)脚背正面接球

脚背正面接球在比赛中常用于接下落球。脚背正面接球的特点是迎撤动作自如,关节自由度大,接球稳定,但变化较少,动作方法(见图 4-3-2)是:

(1)身体正对来球,判断来球路线和速度;

(2)支撑脚要稳固,接球腿屈膝提起,用脚背正面迎球;

（3）触球刹那间，接球腿引撤下放，膝、踝关节相应放松，以增强缓冲效果。

图 4-3-2

（三）脚掌接球

脚掌接球常用于接迎地滚球或反弹球。脚掌接球的特点是动作简单，控球稳定可靠，动作方法（见图 4-3-3）是：

（1）判断来球的路线和特点，选好接球位置和时机；

（2）接球腿屈膝提起，脚尖略翘，脚掌与地面形成一定的角度；

（3）球临近或落地刹那间，接球腿有意识地放下，用脚前掌触压球后中部，将球控制在脚下。

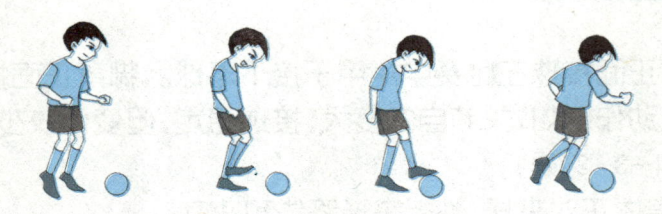

图 4-3-3

（四）脚背外侧接球

脚背外侧接球常用于接地滚球和反弹球，特点是动作幅度小，速度快，灵活机动，隐蔽性强，动作方法（见图4-3-4）是：

（1）接球时接球腿屈膝提起，膝关节内翻，以脚背外侧对准来球；

（2）当球临近时，接球脚以脚背外侧拨球的相应部位，将球控制在所需位置上。

图4-3-4

二、胸部接球

胸部接球是指用胸部将来球接控在所需位置上的动作方法，常用于接胸部以上的高空球，特点是触球点高，面积宽，接球稳定，动作方法（见图4-3-5）是：

（1）接球时身体正对来球，两臂在体侧自然抬起，上体放松，略向后仰；

（2）触球刹那间，胸部主动挺送，使球停落于身体前方。

图 4-3-5

三、大腿接球

大腿接球是指用大腿正面部分将来球控制在所需位置的动作方法,常用于接有一定弧度的高空球,特点是接触面积大,动作简单易行,动作方法(见图 4-3-6)是:

(1)身体正对来球,支撑脚稳固支撑,接球腿屈膝上抬,以大腿中前部对准来球;

(2)触球刹那间,接球腿积极下撤,接球部位肌肉自然放松,使球落于身体前方。

图 4-3-6

第四节 运球

运球是指运动员在跑动中,将球控制在自身范围内,用脚进行推拨球的技术动作。用这种方法突破防守队员,称为运球过人。

一、运球

运球是过人的基础,只有打下良好的运球基础,才能更好地驾驭过人技术。运球按照脚的部位可分为脚背外侧运球、脚背正面运球、脚背内侧运球和脚内侧运球等。

(一)脚背外侧运球

脚背外侧运球常用于弧线、直线、变向运球或快速带球,特点是灵活,可变性强,易于控制球的方向,以及发挥运球速度,动作方法(见图4-4-1)是:

(1)运球时自然跑动,步幅偏小,上体略向前倾,两臂自然摆动;

(2)运球腿屈膝提起,前摆,用脚背外侧推拨球后中部,重心随球跟进;

(3)运球腿屈膝提起后自然下放推拨球,反复交替进行。

图 4-4-1

(二)脚背正面运球

脚背正面运球常在有较大纵深距离时使用,快速运球突破,特点是直线推拨,速度快,但路线单一,动作方法(见图 4-4-2)是:

(1)自然跑动,步幅略小,上体略向前倾,两臂协调摆动;

(2)运球腿屈膝提起,前摆,脚背绷紧,脚跟提起,脚趾下按,用脚背正面推拨球,然后自然落步;

(3)运球腿膝、踝关节要张弛交替,以推拨方式控制运球的力量和方向。

图 4-4-2

(三)脚背内侧运球

脚背内侧运球常用于掩护性运球或运球变向,特点是控球稳,但运球速度较慢,动作方法(见图4-4-3)是:

(1)自然跑动,步幅略小,上体略向前倾并向球侧略转,两臂协调摆动;

(2)运球腿屈膝提起,脚尖略外转,用脚背内侧部位向侧前推拨。

图4-4-3

(四)脚内侧运球

脚内侧运球常用于掩护性运球,特点是易于控球,但速度较慢,动作方法(见图4-4-4)是:

(1)支撑脚在球的侧前落位,膝略屈,上体向球略前倾;
(2)膝部随重心前移,运球脚外转,用脚内侧推运球前进;
(3)推拨球后自然落步,交替进行。

图 4-4-4

二、运球过人

运球过人是指在运控球的基础上,根据临场需要,准确判断和把握对方的防守站位及重心变化情况,利用速度、方向或动作变化,获得时间和空间位置优势,突破防守的一种技术方法。运球过人从动作方法上可分为强行突破、假动作突破和变速突破等。

(一)强行突破

强行突破是指利用身体或速度的优势,突然爆发起动,超越防守队员的一种动作方法,常在防守队员身后有较大纵深距离时使用,特点是突然性强,但比较消耗体能(见图 4-4-5)。

图 4-4-5

(二)假动作突破

假动作突破是指运动员利用各种虚晃动作迷惑对方,如假射、假传和假停等,使对方不知所措或贸然盲动失去重心、乘机突破的动作方法,常在与防守队员僵持或射门佯动时使用,特点是迷惑性大,有较强的主动性(见图4-4-6)。

图4-4-6

(三)变速突破

变速突破是指队员通过速度的变化,打乱对方速度节奏,并利用产生的时间差,趁机突破的动作方法,常在自身无速度优势,以及防守队员紧逼的情况下使用,特点是突发性较强,易于甩开防守(见图4-4-7)。

图 4-4-7

第五节 头顶球

　　头顶球是指球员有目的地用额部将球击向预定目标的动作方法。头顶球的触球位置高,是争取空中优势的主要技术手段。头顶球技术按顶球部位可分为前额正面顶球和前额侧面顶球两种。

一、前额正面顶球

　　前额正面顶球常用于射门时的俯冲鱼跃射门,特点是出球平

稳有力,容易掌握方向,动作方法(见图4-5-1)是:

(1)身体放松,正对来球,球临近时上体略后仰,展腹挺胸,下颌收紧;

(2)身体自下而上蹬地,收腹,顶送发力。

图 4-5-1

二、前额侧面顶球

前额侧面顶球常在及时破坏球和接传球顶射时使用,特点是球路变向突然,线路难以预测,对球门的威胁性大,动作方法(见图4-5-2)是:

(1)身体侧对来球,重心落在后腿上;

(2)顶球时后脚向出球方向猛力蹬伸,身体随之向出球方向转动侧摆;

(3)颈部侧甩发力,用前额侧部将球击出。

图 4-5-2

第六节 守门员技术

守门员技术是守门员为防守球门所使用的动作方法的总称。由于位置的特殊性，守门员更多的是以防守为主，但又绝不是一个可以忽视的位置，一个好的守门员可以顶得上半支球队。守门员技术包括接球、扑球和击球等。

一、接球

接球是守门员技术的基础和重点，从手形上可分为上手接球和下手接球两种。

（一）上手接球

上手接球常用于接胸部以上的各种高空球，特点是占据空中优势，动作方法（见图 4-6-1）是：

（1）原地接球时，身体正对来球，当球临近时，两臂举起迎球，根据来球高度做好相应的接球姿势；

（2）接球时两臂要充分伸展迎球，手形相对稳定，角度合理，掌心要空，当手指触球刹那间，手臂做引撤动作，以削弱来球冲力，腕关节保持功能性紧张，十指用力将球接牢；

（3）跳起接球时，应选好起跳点，掌握好起跳时机，保持身体在空中的平衡，跳至最高点时，伸臂展体，将球接住，并顺势收于胸前，落地时注意屈膝缓冲。

图 4-6-1

（二）下手接球

下手接球常用于接地滚球、低平球、低弧度反弹球和高弧度落降球，特点是接球平稳，动作简单舒展，易于掌握。接球的基本姿势有跪式、俯背式和站立式 3 种，动作方法（见图 4-6-2）是：

（1）身体正对来球，当球临近时，根据来球高度做好相应的接球姿势；

（2）接球时，两臂尽量前伸迎球，掌心向上，手指张开似簸箕状，当手指触球的刹那间，屈臂夹肘收球缓冲，并顺势屈腕、压胸，将球抱牢于胸前。

图 4-6-2

二、扑球

扑球是守门员技术的难点,是在守门员重心无法移动到位的情况下,利用倒地加速重心向球侧移动的一种动作方法,一般分为倒地侧扑和跃起侧扑(鱼跃扑球)两种。

(一)倒地侧扑

倒地侧扑常用于扑接两侧近体球或脚下球,特点是没有腾空动作,重心向侧下移动,且距离较近,倒地速度快,动作方法(见图4-6-3)是:

(1)做好准备姿势,两眼注视来球,精力集中;
(2)扑球时,异侧脚内侧侧蹬发力,同侧脚屈膝迎球跨出,上体

顺势压扑,以加速重心的前移,倒地,双臂同时迎出接球,腕关节略内扣,用手掌挡压控球;

(3)触球后屈臂收球于胸前,并快速抱球起身,侧倒过程以小腿、大腿、臀部、肩和手臂外侧顺序缓冲着地。

图 4-6-3

(二)跃起侧扑

跃起侧扑常用于扑救两侧远体球,技术特点是身体有明显腾空,重心轨迹呈抛物线状,扑救距离远,动作方法(见图 4-6-4)是:

(1)扑球时,重心降低,身体向球侧倾移,蹬地发力,使身体呈水平状腾空,身体展开,接球手呈球窝状,将球控制住;

(2)落地时,两手按球,屈膝团身护球,并顺势抱球起身。

图 4-6-4

三、击球

击球常在出击时的防守和争抢高球无把握的情况下使用，特点是凶狠、有力、果断，动作方法（见图 4-6-5）是：

(1) 单拳击球时，在起跳上升阶段，击球手臂位于肩侧，屈肘握拳，身体略向侧转；

(2) 至最高点时，身体快速回转，以肘带肩挥拳，用拳面将球击出；

(3) 双拳击球时，起跳上升阶段，双臂于胸前屈肘握拳，两拳靠拢，拳心相对，至最高点时，双拳同时迎击来球。

图 4-6-5

第五章 足球基础战术

足球战术是指在足球比赛中，为了战胜对方，根据实际情况所采取的个人行动和集体配合的方法。足球战术的分类较为复杂，根据一般足球的锻炼性质，本章主要介绍足球比赛阵形，以及进攻与防守中的一些战术方法。

第一节 比赛阵形

比赛阵形是指场上队员攻守力量的搭配、位置分配，以及责任分工的形式。比赛阵形依据本队队员的条件、特长和对方的特点选择使用。本节主要讲述比赛阵形的演变发展和目前比赛的常用阵形。

一、比赛阵形的演变发展

现代足球运动从产生至今，其比赛阵形也经历了萌芽、发展和变革等时期，整体趋向是越来越具有科学性和实用性。

（一）比赛阵形的萌芽阶段（1863～1924 年）

现代足球运动于 1863 年诞生时制定了统一的竞赛规则，这使足球比赛可以在公平竞争的条件下进行，队员在场上也有了基本的位置排列和职责分工，比赛阵形之说由此产生。

现代足球运动产生前的踢法一般是"一窝蜂"式，前锋为 10 人或 9 人，只顾进攻、射门，而现在则逐步发展"一二七"式、"二二六"式和"二三五"式，即塔式阵形（见图 5-1-1），攻守人员配备逐渐趋向平衡。塔式阵形在足坛沿用了近半个世纪，曾对足球运动的发展起到了积极的作用。

图 5-1-1

(二)比赛阵形平稳发展阶段(1925～1953 年)

国际足联于 1925 年修改了越位规则,将进攻队员与对方球门线之间,防守队员不足 3 人改为不足 1～2 人时为越位,这促进了战术打法与比赛阵形的变革。经过不断地实践总结,英国人 H.契甫曼于 1930 年创造了"WM"式阵形(见图 5-1-2)。这种阵形分工明确,攻守力量平衡,卫线负责防守,包括左前卫、右前卫、左后卫、中后卫和右后卫 5 人,锋线负责进攻,包括左边锋、中锋、右边锋、左内锋和右内锋 5 人,它适合于当时队员的比赛能力。这种阵形使英格兰足球队称雄世界足坛 20 多年,并在很长一段时间内为各国所采用。

图 5-1-2

（三）比赛阵形迅速变革阶段（1954～1974年）

由于训练水平的不断提高和优秀运动员的纷纷涌现，以及人们对足球比赛规律认识的不断深化，这个阶段的比赛阵形与战术打法也经历了3次大的变革。

1. 从"WM"阵形到"四前锋"阵形

20世纪50年代初，匈牙利队根据本队的特点，并针对"WM"阵形3名后卫防守不足的情况，采用中锋后撤、两名内锋突前的"四前锋"阵形（见图5-1-3）打法。两内锋突前穿插，与两边锋配合，在对方3名后卫的空当间快速传切、交叉、渗透，在进攻局部地区形成二打一、三打二的人数优势，彻底摧毁三后卫制的防守体系。"四前锋"阵形动摇了"WM"阵形一统天下的局势，各国纷纷效仿。

2."四二四"阵形的普及

20世纪50年代末期,巴西队在第6届世界杯赛上,吸取了匈牙利四前锋打法的成功经验,首创"四二四"阵形(见图5-1-4)。这种阵形既保持了四前锋攻击力强的优点,同时又弥补了3名后卫防守的不足,"四二四"阵形很快在世界范围内普及。

3.全攻全守阵形的诞生

20世纪70年代,荷兰队和德国队在战术指导思想上进行了革新,摒弃前锋单纯进攻,后卫单纯防守的陈旧观念和打法,摆脱刻板阵形的约束,依据队员的能力和特点及比赛的具体情况,随时即兴发挥、有机组合,形成了整体全攻全守的先进打法。"一三三三"(见图5-1-5)和"四三三"阵形(见图5-1-6)的全攻全守型打法,对运动员技、战、体、心、智等的素质要求更高,它倡导创造性,加快了比赛的攻守转换速度,提高了进球率和观赏性。

图5-1-3

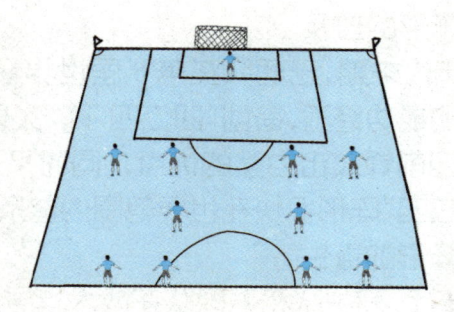

图 5-1-4

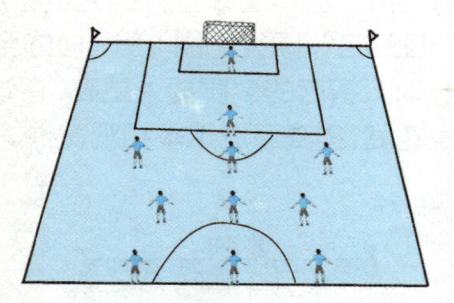

图 5-1-5

图 5-1-6

二、目前比赛的常用阵形

在目前的足球比赛中,常用的阵形有"四四二"阵形和"五三二"阵形。

(一)"四四二"阵形

"四四二"阵形的特点是进攻比较平衡,是当今大多数球队经常采用的阵形(见图5-1-7)。

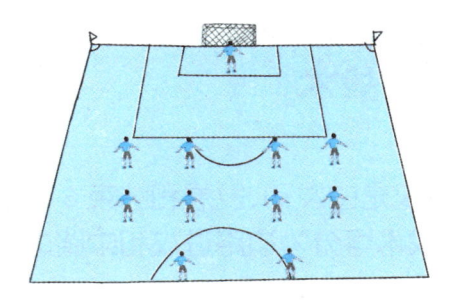

图 5-1-7

(二)"五三二"阵形

"五三二"阵形是由"四四二"阵形演变而来的,方法是将一名前卫撤回到后卫线,形成稳固的防线。这种阵形重点在于防守,是打防守反击较为常用的阵形(见图5-1-8)。

图 5-1-8

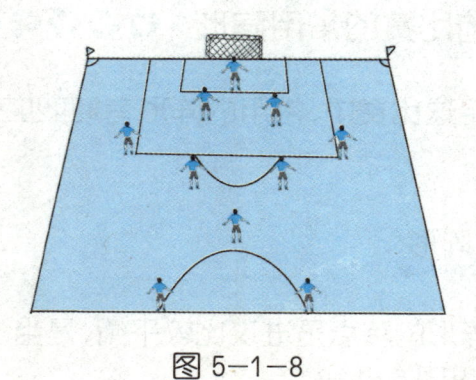

第二节 进攻战术

一次完整的进攻是由发动、发展和结束 3 个阶段组成的。根据进攻的方向,进攻战术可分为边路进攻和中路进攻两种。

一、边路进攻

边路进攻是指在对方半场两侧地区发展的进攻战术。边路进攻常用于攻破对方的密集防守,其特点是利用场地宽度,拉开对方的防线,利用对方边路防守薄弱的特点,进攻得分。

(一)边路进攻方式

边路进攻的方式包括运球突破、二过一配合突破、交叉换位配合突破、前卫套边配合突破和后卫插上套边配合等。

1. 运球突破

运球突破是指边锋或跑位到边路的队员，通过运球进行突破（见图5-2-1）。

2. 二过一配合突破

二过一配合突破是指边锋与中锋或前卫，通过二过一配合进行突破（见图5-2-2）。

3. 交叉换位配合突破

交叉换位配合突破是指边锋与中锋通过交叉换位配合进行突破（见图5-2-3）。

4. 前卫套边配合突破

前卫套边配合突破是指前卫通过中场位置的传球突然插入边路配合（见图5-2-4）。

5. 后卫插上套边配合

后卫插上套边配合是指后卫突然从边路插上迎接中场位置的传球（见图5-2-5）。

图 5-2-1

图 5-2-2

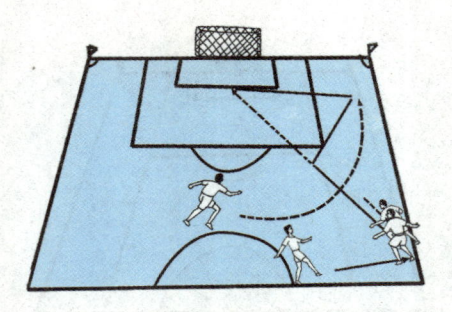

图 5-2-3

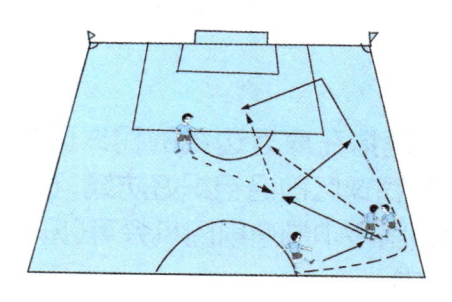

图 5-2-4

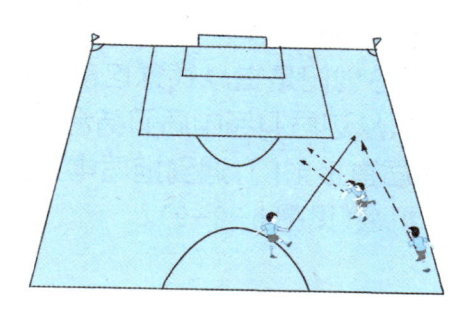

图 5-2-5

(二)边路传中方式

边路传中方式包括外围传中、边路突破传中、下底回扣传中和两肋楔进传切配合射门等。

1. 外围传中

外围传中是指在与球门线平行的罚球区线以外的边路进行传中,常用于对方来不及组织防守或边路进攻受阻,中路如有头球技

术较好的高大中锋抢点时使用,特点是随机性较强,不易防守(见图5-2-6)。

2. 边路突破传中

边路突破传中是指在靠近边线的罚球区外侧的边路进行传中,常用于对方已在罚球区前沿组织好防线,利用边路突破横向扯动对方防线,利用边路传中制造射门机会等(见图5-2-7)。

3. 下底回扣传中

下底回扣传中是指边路突破后沿球门线切入罚球区内,在中卫封堵之前采用低平球回扣传中,中路抢点射门(见图5-2-8)。

4. 两肋楔进传切配合射门

两肋楔进传切配合射门是指从罚球区前角由边路走内线,或由中路分球到边路时,从边后卫与中后卫结合部位楔进,与中锋和前卫传切配合,突破后直接射门,遇到拖后中卫封堵时,可用隐蔽性回传球,创造射门机会(见图5-2-9)。

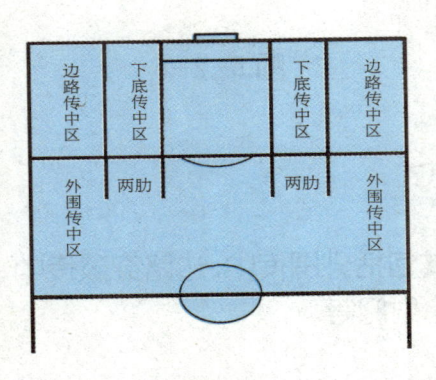

图 5-2-6

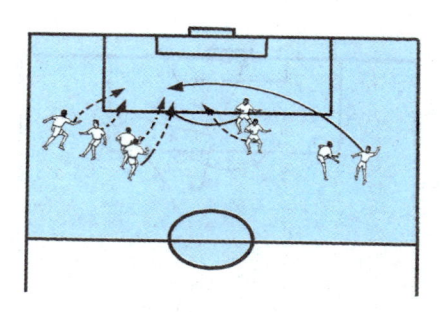

图 5-2-7

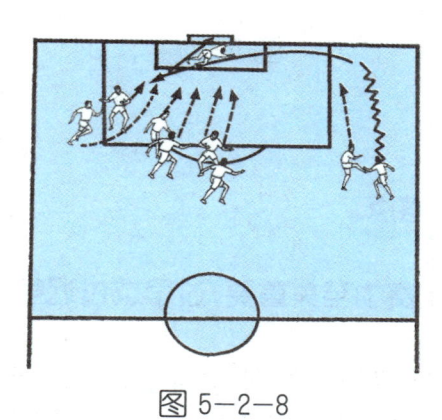

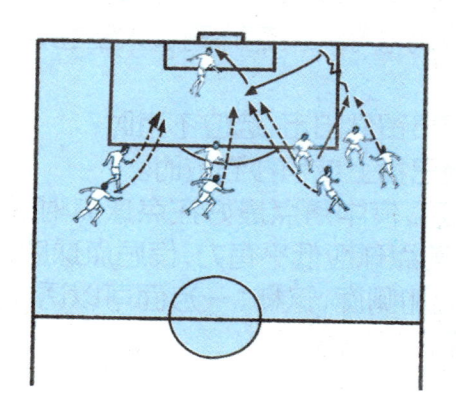

图 5-2-8

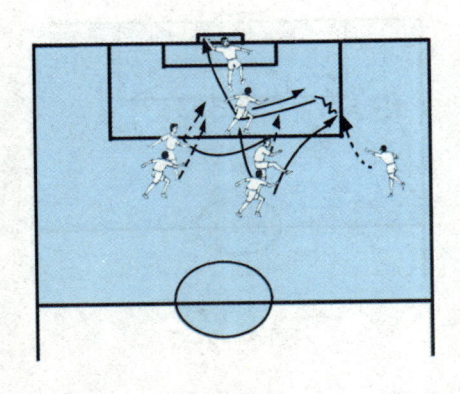

图 5-2-9

（三）传中时机和落点

传中时机在比赛中至关重要，过早或过迟都达不到预期目的。最佳传中时机应为：
(1)守方队员与攻方队员同时面向球门跑动时；
(2)突破边后卫防守，补防的中后卫尚未封堵住传中路线时；
(3)对方后卫线与守门员之间有较大空当，本方队员有可能切入时；
(4)对方守门员贸然出击，选位不当时；
(5)本方队员已插上或包抄到位时。
研究资料显示，传中落点最好在点球点附近10米范围内（见图5-2-10）。传前点球应低平有力，传后点球应有一定高度。除高度外，传中球还应加侧旋，这样，一方面可以诱使对方守门员犯错误，另一方面有利于包抄射门。

传中落点最佳区域

图 5-2-10

二、中路进攻

中路进攻是指在对方半场中部发起和结束的进攻，特点是进攻投入的人数多，层次深，配合点多，配合面广，射门角度大，破门机会多，此时对方防守往往人员较密集，纵深保护有力，突破难度较大。中路进攻方式有运球突破、踢墙式二过一配合、运球交叉掩护配合、回撤反切配合、横扯插上配合、头球摆渡配合和任意球战术配合等。

（一）运球突破

运球突破指的是队员在很小的范围内，利用接、转、突，一气呵成的娴熟控运技术，抓住空当突然施射或突破后冷静射门。

（二）踢墙式二过一配合

踢墙式二过一配合指的是中场突破空间小，时间短，要求有针

对性地突然变换传球方向、高度,在对方人缝中传切配合,突破射门。

(三)运球交叉掩护配合

运球交叉掩护配合指的是中锋与前卫或边锋利用斜向运球交叉换位,掩护同伴突破射门。

(四)回撤反切配合

回撤反切配合指的是中锋回撤,将对方中卫拉出来,再反切接球突破射门。应注意回撤反切不要在同一纵轴线上,以免给传接带来困难。

(五)横扯插上配合

横扯插上配合指的是由中路攻击队员跑位扯动,拉开防守队员,制造出第二空当,前卫队员突然插上射门(见图5-2-11)。

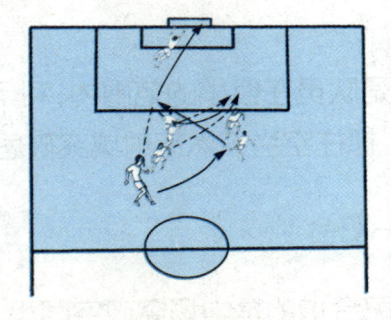

图 5-2-11

(六) 头球摆渡配合

头球摆渡配合指的是在中路地面配合难以突破对方防守时，可以采取外线吊球方式，利用中路攻击队员身高和头球优势，争顶摆渡，边锋或前卫插上射门。这种配合要求外线吊球时机恰当，落点准确合理，中路争顶队员适时到位，争顶有力，其他队员插上、跟进，包抄队员及时、勇猛，抢点直接射门，这三个环节环环相扣（见图 5-2-12）。

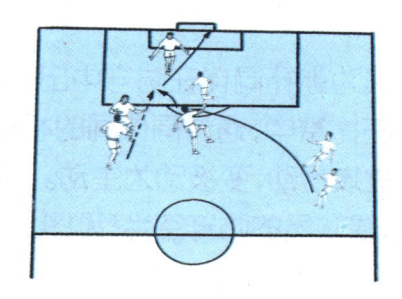

图 5-2-12

(七) 任意球战术配合

任意球战术配合指的是前场中路距球门 30 米以内的任意球由一人或多人配合。

第三节 防守战术

防守战术是指比赛中为了阻止对方的进攻，或者重新控球所

采取的集体配合方法。防守战术分为局部防守战术和整体防守战术两种。

一、局部防守战术

局部防守战术是指两个或两个以上防守队员之间的配合方法,是集体防守战术的基础,包括补位和围抢两种技术。

(一)补位

补位是指防守队员为弥补同伴在防守中出现漏洞所采取的相互协助的战术配合。在比赛中,通过同伴间的相互补位,可以有效地遏制和破坏对方的进攻行动,变被动为主动。具体方法是:

(1)弥补插上的卫线队员的防守空当(见图5-3-1);

(2)相互补位(见图5-3-2);

(3)守门员出击时,后卫队员要及时回撤到球门线附近,选位弥补守门员的位置(见图5-3-3)。

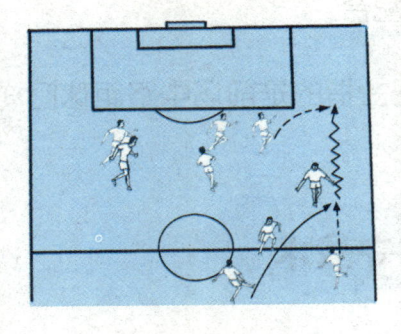

图 5-3-1

图 5-3-2

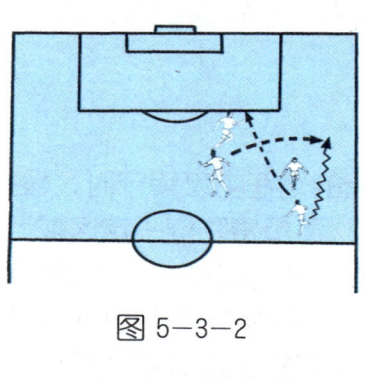

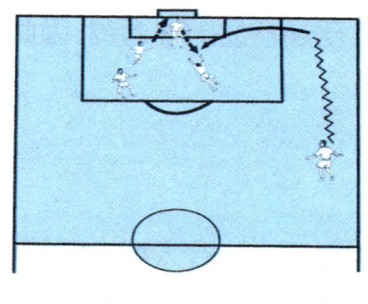

图 5-3-3

(二)围抢

围抢是指在特定场区,两个以上的防守队员突然、快速、有效地多方位夹击对方控球队员,将球抢夺回或破坏掉的战术配合,常在防守局部进攻时使用,特点是在局部地点占有人数优势。

二、整体防守战术

整体防守战术是指全队共同采取的防守战术,按其形式可分

为区域盯人防守、人盯人防守和混合盯人防守等。

(一)区域盯人防守

区域盯人防守指的是在由攻转守时,根据场上位置的分布和职责分工,每个防守队员负责防守一定区域,当对方某一队员跑入该区域时,实施盯防,离开该区域,则不再跟踪盯防。这种防守战术的特点是节省体力,能有效地防守住进入本防区的进攻队员,但对方可以任意交叉换位,容易造成局部地区以少防多的被动局面,而且在邻近位置的结合部还容易出现漏洞,因此,目前已很少采用这种防守战术。

(二)人盯人防守

人盯人防守指的是每个防守人都有明确的防守对象,对方跑到哪儿就紧跟着盯到哪儿。人盯人防守分为全场人盯人、半场人盯人和后场人盯人等。人盯人防守分工明确,责任具体,盯防效果好,但体能消耗大,防守队形、防线容易被拉乱,一旦突破,不易弥补,因此,目前很少单纯采用人盯人防守的方法。

(三)混合盯人防守

混合盯人防守是一种盯人防守与区域防守相结合的防守方法。它集中了盯人防守和区域防守的优点,在目前的比赛中经常被采用。

第六章 足球比赛规则

足球运动的比赛规则和判罚是足球比赛公平、有序开展的保障,也有利于规范足球比赛的道德,弘扬足球运动的精神。

第一节 程序

同各项体育运动一样,足球运动也有其严格的比赛规则,包括比赛程序和比赛方法等。

一、比赛程序

足球比赛的进行,必须严格遵循比赛程序,包括以下几点:

（1）赛前由裁判员检查双方队员的服装、护具和球鞋等是否符合标准;

（2）双方队员排成纵队依次进场,裁判投掷硬币,由双方队长挑选场地和球权;

（3）一方球队的两名队员站在中线点附近准备开球,听到裁判员鸣笛后,一名球员将球向对方半场踢出（滚动一周）即算作比赛开始;

（4）进球后双方各回本方半场,由被进球方开球,重新开始比赛;

（5）对裁判员的判罚如有异议,可向裁判员申诉,如裁判员仍坚持原有错误判罚,可向第四官员或比赛监督申诉;

（6）伤病情况出现时,应及时向裁判员示意,以便裁判员暂停比赛做应急处理;

（7）比赛结束后,应主动与对方球员及裁判员握手示意,并向观众表示感谢。

二、比赛方法

(一)队员人数与换人

足球运动比赛规则对比赛中每队队员的人数及换位、换人是有严格规定的,具体为以下几点:

(1)根据比赛形式及规模,每队队员人数 7~11 人均可,但其中必须有 1 人为守门员;

(2)正式比赛提名替补队员为 7 人,但每场最多只允许替换 3 人,位置不限,被替换下场的队员不得在本场比赛中重新参赛;

(3)场上队员与守门员位置互换应提前通知裁判员,在死球时互换,并且服装颜色必须符合规定,场下替补队员与场上队员替换也应提前通知裁判员,在死球时替换,并要求从中线处,按先下后上的原则进行;

(4)开赛前被罚出场的队员可以由替补队员替补,不算一次换人,但不得再增加替补队员名额,比赛开始后(包括死球或中场休息),有队员被罚出场,不得替补,提名替补队员无论何时被罚出场,均不得替换,踢点球决定胜负时,守门员受伤,可由未上场的替补队员代替,除此之外一律不得替换。

(二)比赛时间

足球比赛中,关于上、下半场时间、休息时间和加时时间等,有以下规定:

(1)正式比赛时间为 90 分钟,上、下半场各 45 分钟,除经裁判

员同意外,中场休息不得超过 20 分钟,如规程规定有加时赛,则再进行 30 分钟的决胜期比赛,每半场 15 分钟,中间交换场地不再休息,如采用"金球制胜"法,则在 30 分钟内,先进球队为胜,比赛立即结束,若决胜期双方仍为平局,则以踢点球方式来决定胜负;

(2)每半场比赛中因故损失的时间,应予扣除补足,补多少由裁判员决定,它包括替换队员、对伤号的处理、因观众进入场地而暂停比赛、球出界过远、队员延误时间、受天气影响而暂停比赛、更换新球等;

(3)比赛最后几秒钟进球,裁判员应将球放到中点上,再鸣哨结束比赛,表示进球有效,不再开球;

(4)比赛中罚点球不受时间限制,应允许延长时间,直到执行完毕;

(5)在比赛结束前 3 分钟内,与助理裁判员和第四官员加强联系。

第二节 裁判

一、裁判员

学习和了解裁判方法,对于我们掌握裁判员的判罚尺度、提高比赛成绩、合理有效地运用规则会有很大的帮助。

二、判罚

足球比赛中一共有 4 名裁判员，其中主裁判 1 人，助理边裁 2 人，第四官员 1 人。

对足球场上运动员犯规的判罚主要有两种形式，即出示黄牌或红牌警告。

(一)黄牌警告

下列情况出示黄牌警告：
(1)故意踢或企图故意踢对方球员(见图 6-2-1)；
(2)故意踩踏对方球员(见图 6-2-2)；
(3)故意绊对方球员(见图 6-2-3)；
(4)争抢头球时故意冲撞对方球员(见图 6-2-4)；
(5)拉扯对方球员(见图 6-2-5)；
(6)故意拖延比赛时间；
(7)与对方球员有轻微的口角；
(8)进球后脱衣庆祝；
(9)不服从裁判员判罚。

足球 篮球

图 6-2-1

图 6-2-2

图 6-2-3

图 6-2-4

图 6-2-5

(二)红牌警告

下列情况出示红牌警告：
(1)在门前蓄意手球犯规，阻碍进球(见图 6-2-6)；
(2)斗殴；
(3)严重踩踏对方球员；
(4)背后铲人(见图 6-2-7)；
(5)向球员或裁判员吐口水；
(6)第二次出示黄牌时，裁判员出示红牌将犯规球员罚下；
(7)推扯或藐视裁判员。

图 6-2-6

图 6-2-7

篮球

第七章 篮球概述

篮球运动是一项集体性、综合性的体育项目,自19世纪末产生以来,在短短的百余年间迅速推广,并得到了普及和发展,到目前为止,已成为仅次于足球的世界第二运动。篮球运动简易而有趣,可以因人、因地、因时或因需而异,是一项丰富多彩的运动,参与者可达到活跃身心、健身强体的目的。

第一节 起源与发展

篮球于19世纪末起源于美国，在20世纪上半叶迅速向世界其他国家和地区推广。国际篮球协会成立后，篮球进入不断发展、提高和创新时期。

一、起源

篮球运动是由美国的体育教师詹姆斯·奈史密斯于1891年发明的。他受启发于当地儿童摘桃扔入桃筐的活动，创造出一种投篮游戏，篮球运动便由此产生。

二、发展

现代篮球运动的发展大致经历了5个时期。

(一)初创试行时期

19世纪90年代至20世纪20年代是篮球运动的初创时期，那时尚没有明确的竞赛规则，场地大小和活动人数不限。

(二)完善推广时期

20世纪三四十年代，篮球运动迅速向欧、亚、非、大洋四大洲的许多国家推广发展,技术水平不断提高,单兵作战的基本形式逐渐被掩护和协防等多人配合的打法所取代。

(三)普及、发展时期

20世纪五六十年代,篮球运动在世界各地得到广泛普及,特别是随着篮球运动技术、战术的创新发展,规则与技战术之间不断地相互制约和促进。

(四)全面提高时期

20世纪七八十年代,身高2米以上的队员大量涌现,篮球竞赛的空间争夺越发激烈,高度与速度的矛盾更加尖锐,优越的空中技术和快速的攻防转换成为衡量一个球队技术水平的关键因素。

(五)创新、攀登时期

20世纪90年代以后,国际奥委会允许职业篮球队员参加奥运会,这给世界篮球运动开创和指明了新的发展渠道和方向。世界篮球运动发展跨入了融竞技化、智谋化和技艺化于一体的新时期。

第二节 特点与价值

篮球运动是围绕着如何激励运动者能将篮球更快、更准、更多地投入篮筐,同时破坏对方得分而展开的。这对提高参与者的身体素质和心智发展都有着积极的作用,而且还有助于各国之间,人与人之间进行文化交流。

一、特点

自篮球运动产生以来,经过人们不断地探索,出现了许多新的技战术。通过对篮球运动的研究,我们通常将其特点概括为以下几点:

(一)空间对抗性

与其他球类项目相比,篮球运动十分强调球与空间的控制权,运用不同战术与技术进行攻防转换。

(二)内容多元化

现代篮球运动内容呈多元化发展趋势,有其独特的理论体系和技战术体系,已经成为一门综合性的体育学科。

(三)富于变化

当代篮球运动的发展,要求它必须向着多变的方向发展,包括技术、战术水平的多变化,以及阵容队员配备的多变化等。

(四)强身健体、陶冶情操

篮球运动有助于培养参与者的综合素质,如跑、跳、投能力和心理素质等，对增进身体健康、活跃身心、培养优良的道德水平和团队合作精神，都有积极的促进作用。

（五）商业化

借由媒体的宣传，篮球运动在世界各地迅速发展起来，如NBA、世锦赛、CBA等。通过这些赛事，越来越多的人开始喜欢和认可篮球运动，并为这项运动投入时间和金钱，从而为篮球运动带来巨大的商机。可见，商业化也是现代篮球运动的重要特点。

二、价值

青少年经常参加篮球运动有利于身体健康，不仅能够改善人体中枢神经系统和内脏器官的功能状况，同时又能提高力量、速度、弹跳等专项身体素质和运动能力。

同时，篮球运动能够锻炼参与者的团队合作精神，培养优良的道德品质，活跃身心，增长知识。

从社会学角度来说，篮球是一项具有广泛群众基础和特殊社会影响的体育项目，篮球竞赛和篮球活动过程中充满了教育因素，它对提高参与者的素质、活跃社会文化生活、促进世界各国间的文化交流都具有一定的意义。

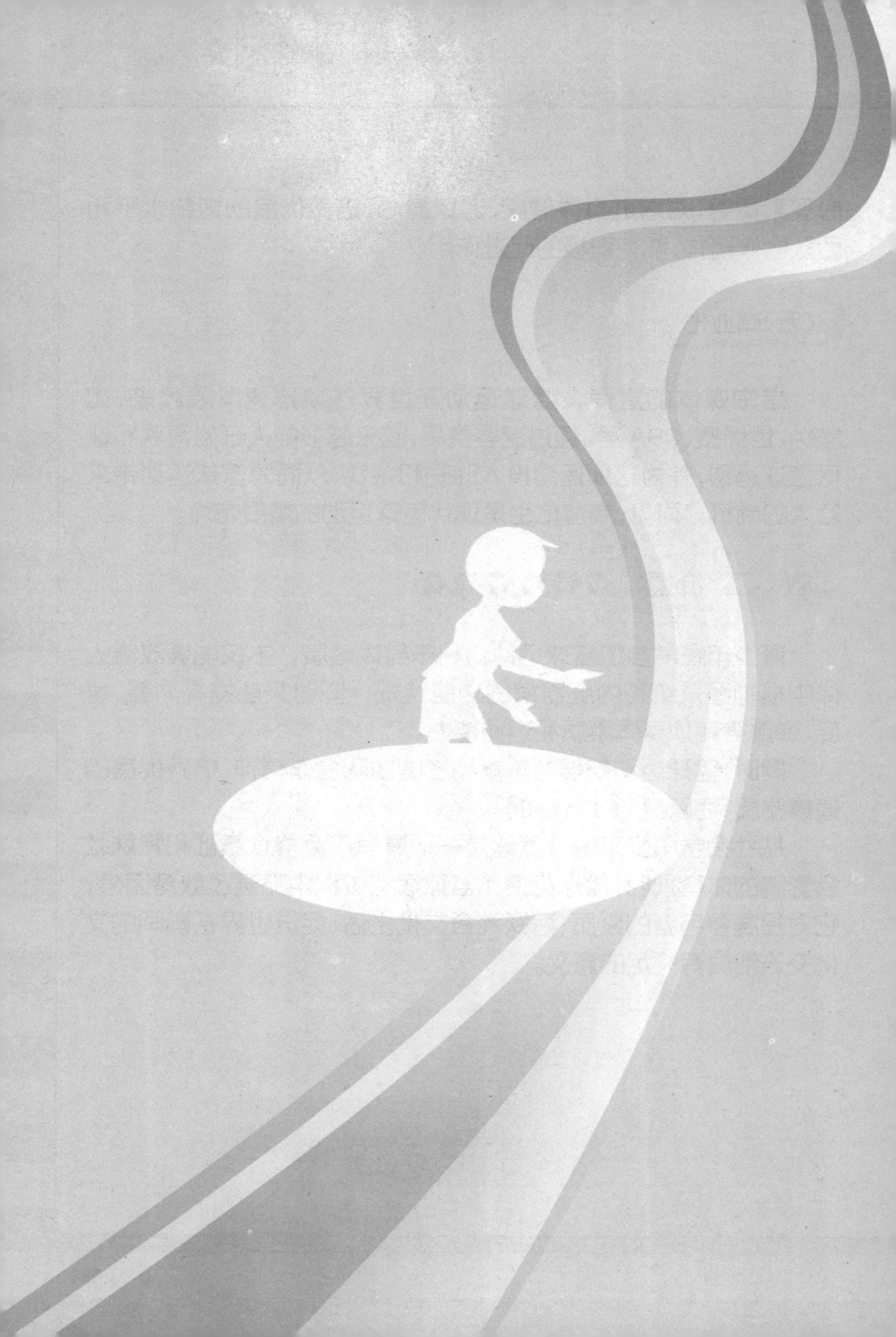

第八章 篮球场地、器材和装备

　　本章重点阐述篮球场地的要求与规格、篮球运动所需的器材和必要装备。对于从事篮球运动的人来说，了解和掌握好本章内容是十分必要的。

第一节 场地

篮球场地是开展篮球活动的必备条件，也是初学篮球的人需要了解的内容。本节主要介绍一下篮球场地的规格、设施及要求。

一、规格

（1）国际篮联规定的标准篮球场地长 28 米、宽 15 米；

（2）我国的篮球场地一般长 26 米、宽 14 米；

（3）篮球场地的最低规格为长不得少于 24 米、宽不得少于 13 米；

（4）连接两边线的中点、平行于端线的线段称为中线，与端线平行、长 3.6 米的线段称为罚球线，其外沿距端线内沿 5.8 米，中点落在连接两条端线中点的假想线上；

（5）从罚球线两端画两条线段（距离端线终点各 3 米）与罚球线构成的地面区域称为限制区，如果在限制区内着色，颜色应与中圈内部颜色相同；

（6）以罚球线中点为圆心、1.8 米为半径，向限制区外所画出的半圆区域称为罚球区（如图 8-1-1）。

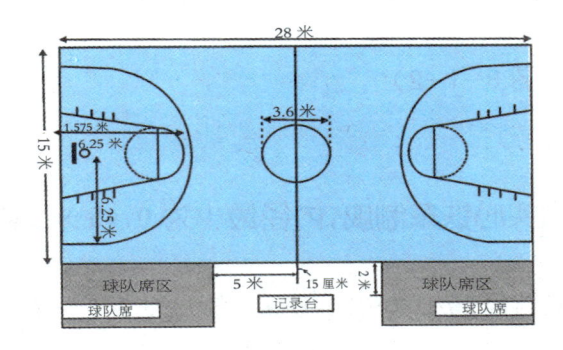

图 8-1-1

二、设施

（一）篮架

篮架的制作材料有水泥制架、金属制架、木质制架。国际和国内大型比赛的篮架均按国际标准要求制作。篮架的高度和占地、占空面积应符合规定，而且要能经受住一定的重量。

（二）篮板

篮板由 0.03 米厚的坚硬木料或适宜的透明材料制成。按照奥林匹克运动会和世界锦标赛的要求，篮板尺寸应横宽 1.8 米，竖高 1.05 米，下沿距离地面 2.9 米；其他竞赛可使用原来的规定，

即横宽1.8米,竖高1.05米,下沿距离地面2.75米。

(三)球篮(如图8-1-2)

1. 篮圈

(1)篮圈由实心铁条制成,内径最小为0.45米,最大为0.457米;

(2)圈条的直径最小为0.016米,最大为0.02米;

(3)篮圈应安装在篮架上,篮圈顶面保持水平,距离地面3.05米;

(4)篮圈与篮板两垂直边的距离相等,内沿与篮板距离为0.15米。

2. 篮网

(1)篮网用白色细绳结成,悬挂在篮圈上,使球穿过球篮时有短暂的停顿;

(2)网长不短于0.4米,不长于0.45米,篮网上部应是半硬状态的,有12个小环与篮圈连接。

图 8-1-2

三、要求

（1）天花板或最低障碍物的高度至少 7 米；

（2）球场照明要均匀，光度要充足，灯光设备的安置不应妨碍队员的视线；

（3）球场必须有明显的界线，界线外至少 2 米处不得有任何障碍物；

（4）长边的界线叫边线，短边的界线叫端线，界线和观众之间至少应有 2 米的距离；

（5）球场上各线必须十分清楚，线宽均为 5 厘米。

第二节 器材

对于从事篮球运动的人来说，有必要了解有关篮球器材方面的有关知识。本节主要介绍篮球运动的器材，包括篮球的规格和材质等。

一、规格

（1）篮球呈标准的圆球体，颜色一般为橙色，按惯例应有 8 片皮质材料；

（2）球的圆周不得小于 0.749 米，不得大于 0.78 米（7 号球）；

（3）篮球的重量不得少于 567 克，不得多于 650 克；

（4）充气后，使球从 1.8 米的高度（从球的底部量起）落到球场

的地面上，反弹起来的高度不得低于 1.2 米，也不得高于 1.4 米（从球的顶部量起）（见图 8-2-1）。

图 8-2-1

二、材质

篮球的外壳由皮革、橡胶或合成物质制成，球面的接缝或槽的宽度不得超过 6.35 毫米。

第三节 装备

篮球的装备包括服装、球鞋和护具，对于初学篮球的人来说，做好赛前或者运动前的保护工作是十分必要的，本节主要介绍有关篮球运动装备的一些内容。

一、服装

(一)款式和材质

运动员的服装主要以宽大、舒适为宜,选择一套适合自己的运动服装也是做好自我保护的一个方面。
(1)通常的篮球运动服装应以背心、短裤为主;
(2)运动服以采用吸汗效果较好的纯棉质材料为宜。

(二)要求

正式比赛中,不得使用或佩戴可能危及自身或其他队员安全的装备和物件。

二、球鞋

从事篮球运动时,选择一双好的篮球鞋是做好自我保护的重要前提。一般来说,青少年运动员选择摩擦力强、舒适的运动鞋即可。

三、护具

护具包括护腕、护膝和护肘。护具的选择比较自由灵活,主要根据运动员自身的个人习惯而定,没有严格的限制。

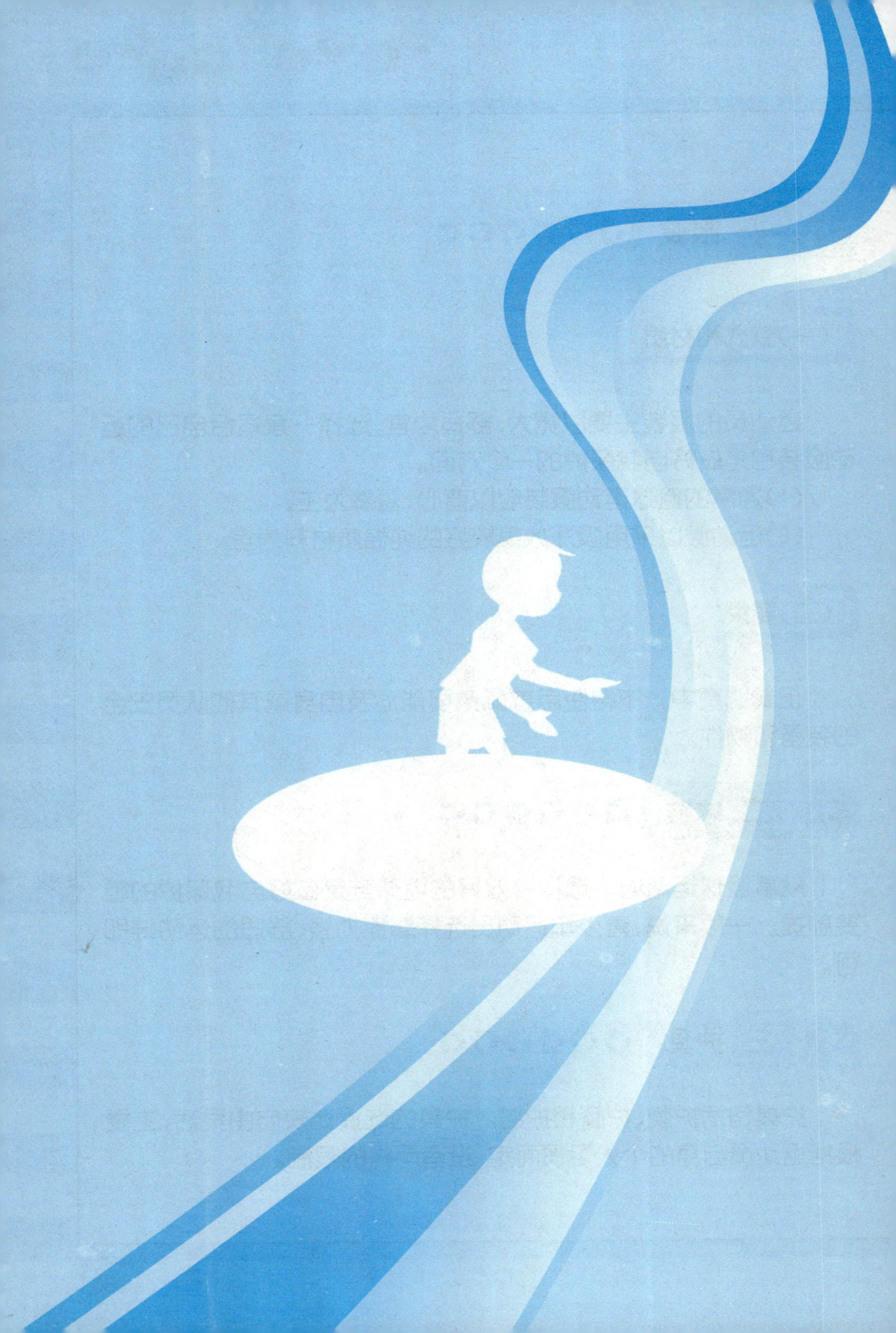

第九章 篮球基本技术

　　篮球基本技术是团队配合的基础。对个人而言，扎实的基本功和过硬的基本技术是成为一名优秀篮球运动员的前提和保障。尤其对于初学者来说，更应该掌握好篮球的基本技术，包括移动技术、进攻技术、防守技术和抢篮板球技术等。

第一节 移动技术

移动是篮球运动中队员为了改变位置、方向、速度和争取高度、空间所采用的各种脚步动作方法的总称，也是篮球初学者的基础技术，分为准备姿势与起动、跑与跳、急停与转身和各种步法。

一、准备姿势与起动

(一)准备姿势

准备姿势的动作方法(见图 9-1-1)是：

(1)两脚平行或前后分开站立，约与肩同宽，两膝自然弯曲，身体重心的投影点在两脚之间；

(2)上体正立略前倾，两眼平视，时刻保持起动状态。

图 9-1-1

(二)起动

起动包括向前起动和向侧起动两种基本方法。

1. 向前起动

向前起动的动作方法(见图9-1-2)是：

按基本姿势站立，向前起动时上体前倾，向前移动重心，一只脚用力蹬地，另一只脚迅速向前跨出。

图 9-1-2

2. 向侧起动

向侧起动的动作方法(见图9-1-3)是：

(1)向侧起动时，向起动方向一侧移动重心，上体迅速转向起动方向；

(2)异侧脚用力蹬地，同时脚尖转向起动方向，并向起动方向跨出。

图 9-1-3

二、跑与跳

(一)跑

跑是篮球运动技术动作中最基础、最重要的动作。会跑才能会打球,因此,跑在篮球运动攻守行动中应用最为广泛,主要分为侧身(弧线)跑、变速跑和变向跑等。

1. 侧身(弧线)跑

侧身(弧线)跑的动作方法(见图9-1-4)是:

在跑动时,头部和上体转向侧面或有球的一侧,脚尖向着前进方向,既要保持奔跑速度,又要保持身体平衡,双手自然放在腰侧,密切注意观察场上情况。

2. 变速跑

变速跑的动作方法(见图9-1-5)是:

(1)在跑动中加速时,上体略前倾,用前脚掌短促有力地蹬地,步频加快,同时用力摆臂;

(2)减速时步幅适当增大,上体直起,以前脚掌用力抵地来减缓向前的冲力,从而降低跑速。

3. 变向跑

变向跑的动作方法(见图9-1-6)是:

在改变跑动方向时(以从右向左改变方向为例),最后一步右脚脚前掌内侧用力蹬地的同时,脚尖略向内转,迅速屈膝,腰部随之内转,使重心向左移动,上体向左前倾,左脚向左前方跨出一步,并用力蹬地,右脚快速向左侧前方跨出,继续加速跑动。

图 9-1-4

图 9-1-5

图 9-1-6

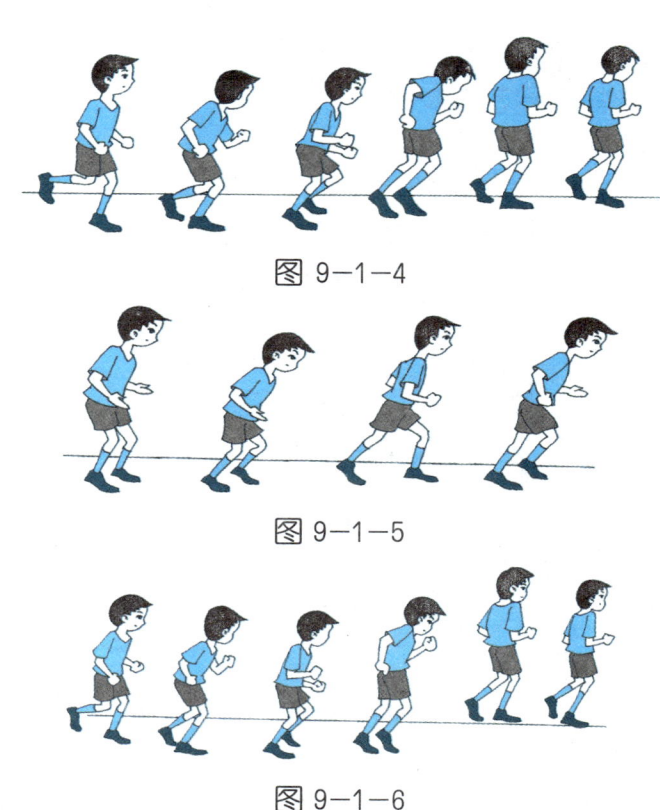

(二)跳

跳是篮球运动攻守争夺空间常用的主要手段,例如,以跳投篮,以跳抢、断球,以跳控制空间,以跳堵截和抢位等。跳的方法有两种,一种是双脚起跳,另一种是单脚起跳。双脚起跳多用于跳起投篮、抢防守篮板球等情况,单脚起跳多用于行进间投篮及抢、断球等情况。

1. 双脚起跳

双脚起跳的动作方法是:

由基本站立姿势开始,双脚快速用力蹬地,同时双臂上摆,向上腾空,在空中要保持身体平衡。

2.单脚起跳

单脚起跳的动作方法(见图9-1-7)是:

一般由助跑开始,以一脚快速用力蹬地,向需要的方向腾起,空中完成动作后,落地时恢复基本站立姿势。

图 9-1-7

三、急停与转身

急停、转身是篮球运动攻守行动中被广泛运用并与其他攻守动作结合运用的基础技术。

(一)急停

急停是指队员在跑动过程中与接球技术结合运用,呈面向对方姿势,或在徒手跑动时用于摆脱对方的方法,分为跳步急停(一步急停)和跨步急停(两步急停)两种。

1. 跳步急停

跳步急停的动作方法（见图9-1-8）是：
停步之前以一脚蹬地跳起并腾空，接着双脚同时落地。

2. 跨步急停

跨步急停的动作方法（见图9-1-9）是：
双脚依次落地。

图 9-1-8

图 9-1-9

(二) 转身

转身是指运动员以一脚做中枢脚进行旋转，另一脚蹬地向前后跨出，改变原来身体方向的一种动作方法，包括前转身和后转身两种。

1. 前转身

移动脚向中枢脚脚尖方向移动为前转身，动作方法（见图9-1-10）是：

转身时，中枢脚前掌用力碾地，移动脚蹬地并迅速跨步，同时转腰、转肩。

2. 后转身

移动脚向中枢脚脚跟方向移动为后转身，动作方法（见图9-1-11）是：

转身同时腰胯主动用力旋转，身体重心随之转移，保持身体平衡。

图 9-1-10

图 9-1-11

四、步法

步法是篮球运动基本技术,是每个初学者都应该掌握的基本技术,包括跨步和滑步两种。

(一)跨步

跨步是在基本站立姿势的基础上,以一脚为轴,另一脚向侧或向前跨出的技术方法,包括同侧步(又称顺步)和异侧步(又称交叉步)两种。

1. 同侧步

同侧步指向移动脚的同侧跨出,动作方法(见图9-1-12)是:

跨步时,两腿屈膝,重心降低,做轴脚的脚跟略提起,用力碾地,另一脚向同侧方或前方跨出,跨出后要控制好身体重心,以便衔接下一个动作。

2. 异侧步

异侧步指向移动脚的异侧跨出,动作方法(见图9-1-13)是:

跨步时,两腿屈膝,重心降低,做轴脚的脚跟略提起,用力碾地,另一脚向异侧方跨出,跨出后要控制好身体重心。

图 9-1-12

图 9-1-13

(二)滑步

滑步是个人防守应用最广泛、最主要的步法,分为侧滑步、前滑步、后滑步和后撤步等。

1. 侧滑步

侧滑步的动作方法(见图 9-1-14)是:

两脚平行站立,重心降低,上体略向前倾,两臂侧伸。

2. 前滑步

前滑步的动作方法(见图 9-1-15)是:

两脚前后站立,向前滑步时,前脚向前迈出,着地同时后脚紧随向前滑动,注意屈膝降低重心。

3. 后滑步

后滑步的动作方法(见图 9-1-16)是:

与侧滑步动作相同,只是向后滑步移动。

4. 后撤步

后撤步是前脚向后脚撤步的一种方法,动作方法(见图 9-1-17)是:

用前脚的脚前内侧蹬地,同时腰部用力向后转动,后脚碾蹬地面,前脚快速后撤,紧接着滑步调整位置。

LANQIU JIBEN JISHU 篮球基本技术

图 9−1−14

图 9−1−15

图 9−1−16

图 9−1−17

101

第二节 进攻技术

进攻技术是比赛中进攻方在获得控制权后，为了创造投篮得分机会所采用各种方法的总称，包括传接球、投篮、运球和持球突破等。

一、传接球

传接球是在比赛中进攻队员之间有目的地支配球或转移球的方法。传球包括双手胸前传球、单手肩上传球和单手体侧传球等，接球包括双手接中部位球、双手接高部位球、双手接低部位反弹球和单手接球等。

(一)传球

1. 双手胸前传球

双手胸前传球的动作方法(见图9-2-1)是：

(1)双手持球于胸腹之间，两肘自然弯曲于体侧，身体呈基本站立姿势，双眼平视传球目标；

(2)传球时后脚蹬地发力，身体重心前移，两臂前伸，两手腕随之内旋，拇指用力下压，食指、中指用力拨球并将球传出，球出手后，两手向下略向外翻。

2. 单手肩上传球

单手肩上传球的动作方法(见图9-2-2)是：

双手持球于胸前，两脚平行分开站立，右手传球时，左脚向传球方向跨出半步，右手靠左手指拨送球的力量将球引至右肩侧上方，右肩关节引展。

3.单手体侧传球

单手体侧传球的动作方法（见图 9-2-3）是：

（1）两脚分开站立，双手持球于胸前；

（2）右手传球时，在左脚向左侧前方跨步的同时，将球引至身体右侧，右手单手持球，出球前一刹那间，持球手的拇指在上，手心向前，手腕后屈；

（3）传球时，前臂向前作弧线摆动，手腕前屈，食指、中指、无名指拨球，将球传出。

图 9-2-1

图 9-2-2

图 9-2-3

(二)接球

1. 双手接中部位球

双手接中部位球的动作方法(见图 9-2-4)是：

(1)两眼注视来球,两臂迎球伸出,双手手指自然张开,两拇指呈"八"字形,其他手指向前上方伸出,两手呈一个半圆形；

(2)当手指触球时,双手将球握住,两臂顺势屈肘后引,缓冲来球的力量,两手持球于胸腹间,呈基本站立姿势。

2. 双手接高部位球

动作方法(见图 9-2-5)与接中部位球动作方法相同,只是手臂向前上方伸出迎球。

3. 双手接低部位反弹球

双手接低部位反弹球的动作方法(见图 9-2-6)是：

接球时要及时迎球跨步,上体前倾,眼睛注视来球方向,两臂迎球向前下方伸出,掌心斜对来球的反弹方向,五指放松自然张开,手指触球后,两手握球,顺势将球引至胸腹之间,保持身体平衡,呈基本站立姿势。

4. 单手接球

动作方法(见图 9-2-7)与前几种接球方法基本相同,接高部位球时,掌心向上。

图 9-2-4

图 9-2-5

图 9-2-6

图 9-2-7

二、投篮

投篮是持球运动员将球投入球篮所采用的各种动作方法的总称。投篮是所有技术、战术运用的最终目的,一切进攻行动都是为了把球投入球篮,是比赛中最为重要的技能,分为原地单手肩上投篮、原地双手胸前投篮、行进间单手高手投篮、行进间单手低手投篮、原地跳起单手肩上投篮、急停跳投和运球急停跳投等。

(一)原地单手肩上投篮

原地单手肩上投篮的动作方法(见图 9-2-8)是:

(1)以右手投篮为例,右手五指自然分开,手心空出,用指根以上部位持球,左手扶在球的左侧,右臂屈肘,肘关节自然下垂,置球于右肩前上方,目视球篮;

(2)两脚左右或前后分开站立,两膝略屈,重心落在两脚掌上;

(3)投篮时下肢蹬地发力,食指、中指用力拨球,压腕动作明显;

(4)球出手的瞬间,身体随投篮动作向上伸展。

图 9-2-8

(二)原地双手胸前投篮

原地双手胸前投篮的动作方法(见图 9-2-9)是:

(1)双手持球于胸前,肘关节自然下垂,两膝略屈,重心落在两脚之间;

(2)投篮时,上肢随着脚蹬地两臂向前上方伸出,同时两腕内旋,拇指下压,手腕前屈,食指、中指用力拨球,通过指端将球投出;

(3)球出手后身体随投篮出手方向自然伸展。

图 9-2-9

(三)行进间单手高手投篮

行进间单手高手投篮的动作方法(见图9-2-10)是：

(1)以右手投篮为例,右脚先跨出接球,左脚跟上并起跳,右脚屈膝向上抬起,双手举球于右肩前上方；

(2)腾空后,右臂向前上方伸展,完成单手肩上投篮动作。

图9-2-10

(四)行进间单手低手投篮

行进间单手低手投篮的动作方法(见图9-2-11)是：

(1)步法和起跳与行进间单手高手投篮相同,只是第二步要加快速度；

(2)持球时,右手将球引至右肩侧前上方,托球下部；

(3)投篮时,手臂向前上方伸展,用屈腕、挑指柔和地向上将球拨出。

图 9-2-11

(五)原地跳起单手肩上投篮

原地跳起单手肩上投篮的动作方法(见图9-2-12)是:

(1)以右手投篮为例,两手持球于胸前,两脚左右或前后分开站立;

(2)两膝略屈,重心落在两脚之间;

(3)起跳时迅速屈膝,脚掌用力蹬地向上起跳,同时双手举球到右肩上方,右手持球,左手扶球左侧方,当身体接近最高点时,左手离球,右臂向前上方伸展,手指、手腕拨球投出;

(4)落地时要屈膝缓冲。

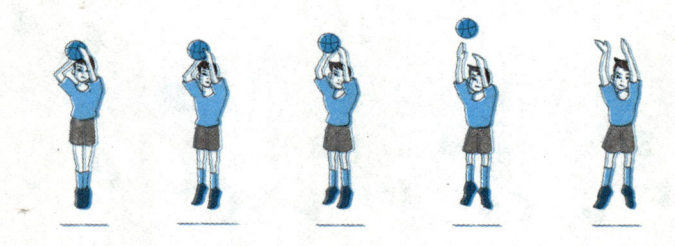

图 9-2-12

(六)急停跳投

急停跳投的动作方法(见图 9-2-13)是:

在移动中用跨步或跳步接球急停,两膝略屈,重心下降,突然向上起跳,同时持球上举,当身体腾空至最高点时,完成单手肩上投篮动作。

图 9-2-13

(七)运球急停跳投

运球急停跳投的动作方法(见图 9-2-14)是:

在快速运球中,采用一步或两步急停接球,两膝略屈,重心快速移动至两脚之间,并迅速蹬地向上起跳,同时双手举球,当身体接近最高点时,完成单手肩上投篮动作。

图 9-2-14

三、运球

运球是指持球队员在原地或移动中,用单手连续拍击球,并借助反弹力量继续原地或移动中连续拍球推进的技术,分为高运球、低运球、侧身体前换手变向运球、运球急停急起、体后变向运球和运球转身等。

(一)高运球

高运球的动作方法(见图 9-2-15)是:

（1）两脚前后分开站立，两膝略屈，上体略前倾，目视前方；

（2）运球手臂自然弯曲，以肘关节为轴，用手按球后侧上方，球的落点在身体侧前方，球的反弹高度在腰、胸之间。

图 9-2-15

（二）低运球

低运球的动作方法（见图 9-2-16）是：

（1）降低重心，上体前倾，用上体和腿保护球；

（2）手同时短促地按拍球，球的反弹高度在膝关节以下；

（3）行进间低运球拍球的部位在球的后上方或后侧方。

图 9-2-16

(三)侧身体前换手变向运球

侧身体前换手变向运球的动作方法(见图9-2-17)是:

(1)运球队员从对方右侧突破时,先向对方左侧运球,当对方向左侧移动时,突然向右侧变向,用右手按拍球的右侧上方;

(2)右脚同时向左前方跨出,用肩、腿、上体挡住对方,接着迅速换左手按拍球的后上方,从对方的右侧运球超越对方;

(3)换手时,球要低,动作要快。

图 9-2-17

(四)运球急停急起

运球急停急起的动作方法(见图9-2-18)是:

(1)运球急停时,利用跨步急停动作,用手按拍球的前上方,变为暂时的原地运球,用臂、身体保护球;

(2)急起时身体重心迅速前移,后脚用力蹬地跨出,同时用手按拍球的后上方,推球前进。

图 9-2-18

(五)体后变向运球

体后变向运球的动作方法(见图 9-2-19)是:

以右手运球为例,变向时用右手将球控制到身后,按拍球的右侧上方,使球至左脚侧前方,并立即换左手运球,右脚迅速向左、向前跨出,用左手运球突破对方。

图 9-2-19

(六)运球转身

运球转身的动作方法(见图9-2-20)是:

(1)以右手运球为例,变向时左脚前跨一步为中枢脚,右手按拍球右侧前方;

(2)接着后转身动作,将球拉向身体的后侧方,然后换左手运球,从对方的右侧突破后加速前进。

图 9-2-20

四、持球突破

持球突破是控球队员以脚步动作与运球技术等相结合,快速超越对方,直接切入篮下得分,或者为队友创造机会得分的重要手段,分为交叉步突破和同侧步突破两种。

(一)交叉步突破

交叉步突破的动作方法(见图9-2-21)是：

(1)以右脚做中枢脚为例,突破时左脚向左前方跨出半步,做向左突破的假动作,当对方重心向右移动时,左脚迅速蹬地,向对方左侧跨出一大步,同时上体右转探肩,贴近对方;

(2)球移至右手,向左脚右斜前方推放球,右脚迅速蹬地跨步,加速超越对方。

图 9-2-21

(二)同侧步突破

同侧步突破的动作方法(见图9-2-22)是：

(1)以左脚做中枢脚为例,突破时左脚内侧蹬地,右脚迅速向

对方左侧方跨出一大步,同时向右侧转体探肩;

(2)重心前移,球移至右手并推放球于右脚斜前方,左脚迅速跨步抢位,加速超越对方。

图 9-2-22

第三节 防守技术

防守技术是队员在防守时,为了阻挠或破坏对方的进攻,得球并组织反攻所采取的各种动作方法的总称。对于初学者来说,主要应该掌握防守移动和抢球、打球、断球与盖帽等技术。

一、防守移动技术

防守移动技术是篮球防守技术的基础,目的是抢占有利位置,防止对方突破,摆脱对方,投篮,以及抢、断球和抢篮板球等,分为滑步、后撤步和攻击步等。

(一)滑步

滑步是防守移动的一种主要方法,常用于阻截对方移动路线,调整自己的防守位置,分为侧滑步、后滑步和前滑步。

1. 侧滑步

侧滑步的动作方法(见图 9-3-1)是:

(1)两脚平行站立,重心放低,上体略前倾,两臂侧伸;

(2)向左侧滑步时,左脚向左侧迈出的同时,右脚蹬地滑动,跟进左脚,两脚保持距离,左脚继续跨出。

2. 后滑步

后滑步的动作方法与侧滑步相同,只是方向为向后滑动。

3. 前滑步

前滑步的动作方法与侧滑步相同,只是方向为向前滑动。

(二)后撤步

后撤步是变前脚为后脚的一种防守移动技术,动作方法(见图 9-3-2)是:

前脚蹬地,腰部用力向后转动,同时后脚前脚掌碾地,后撤前脚,紧接着滑步。

图 9-3-1

图 9-3-2

(三)攻击步

攻击步是防守队员突然向前越出，破坏对方组织进攻的防守移动技术，动作方法（见图 9-3-3）是：

后脚大力蹬地，具有爆发力和突然性，前脚迅速向前跨出逼近对方。

图 9-3-3

二、抢球、打球、断球与盖帽

抢球、打球、断球与盖帽是攻击性较强的防守技术,是积极性防守战术的基础。

(一)抢球

抢球即抢夺进攻队员手中的球,在手指接触球或者控制住球的同时,利用拧、拉、身体扭转的力量,迅速向腰、腹回收的动作,将球抢夺过来。

(二)打球

打球即击落对方手中的球,包括打原地持球队员球、打运球队员手中球和打行进间投篮队员手中球等。

1. 打原地持球队员球

打原地持球队员球的动作方法(见图 9-3-4)是:

打球方法分两种,一种是自上而下,另一种是自下而上。例如,当对方持球由胸以上部位向下移位时,宜采用由下往上的方法打球,打球时多用手指、手掌击球,用手指、前臂和手腕的短促快速动作弹击。不可挥上臂上步抢打。

2.打运球队员手中球

打运球队员手中球的动作方法(见图9-3-5)是:

以右手运球为例,当运球队员向前推进时,防守者应在左脚向左滑步抢位堵截同时,在球从地面弹起的瞬间,突然用左手短促有力地从侧面将球打出,并及时上前抢球。

3.打行进间投篮队员手中球

打行进间投篮队员手中球的动作方法(见图9-3-6)是:

进攻队员运球上篮时,防守者侧身跟随运球队员,当对方起步上篮跨出第二步,将球由体侧移到腰腹部位的瞬间,防守者可用(右)左手自上往下的斜击方法将球打落。

图9-3-4

足球 篮球

图 9-3-5

图 9-3-6

122

(三)断球

断球即截获对方传接的球,分为横断球、纵断球和封断球三种。

1. 横断球

横断球的动作方法(见图9-3-7)是:

断球时,重心迅速向断球方向移动,以短而快的助跑,单脚或双脚用力蹬地跃出,身体伸展,两臂前伸,用双手或单手将球截获。

2. 纵断球

纵断球的动作方法(见图9-3-8)是:

当从对方右侧绕前断球时,右腿向前跨一步,然后侧身跨左脚绕到对方身前,同时重心前移,左脚(或双脚)用力蹬地向前跃出,身体伸展,两臂前伸,将球截获。

3. 封断球

封断球的动作方法是:

当持球队员暴露了自己的传球意图或传球动作较大,防守者可在对方球出手的刹那间,突然起动,伸臂封盖或将球截获。

图9-3-7

图 9-3-8

(四)盖帽

盖帽是指进攻队员投篮或者上篮时,球出手一瞬间,防守者起跳,将球破坏掉的技术动作,动作方法(见图9-3-9)是:

(1)盖帽前迅速移动,选择有利位置,准确判断对方起跳及出球时机,当对方起跳投篮时,立即跟随起跳;

(2)此时身体和手臂充分伸展,当对方举球到最高点或球刚出手的刹那间,迅速用手腕、手指力量向侧或向前点拨球,将球打落;

(3)打球动作要小而突然,前臂不要下压,要尽量避免接触对方的身体,以免造成犯规。

图 9-3-9

第四节 抢篮板球技术

比赛中双方队员在空间争抢投篮未中的球称为抢篮板球。进攻队投篮未中,本方队员争抢在空间的球,称为抢进攻篮板球或前场篮板球;对方投篮未中,防守队员争抢空间的球,称为抢防守篮板球或抢后场篮板球。抢篮板球技术是一项较为复杂的技术,由抢占位置、起跳动作、空中抢球动作和获球后动作4个环节组成。

一、抢占位置

正确的预判、提前抢占有利位置是抢篮板球技术的关键。抢占位置时,应根据对方和投篮队员所处的位置,正确判断篮板球的反弹方向和距离,运用快速的脚步动作,抢占有利位置。一般情况,投篮不中的球都会有反弹现象,规律(见图9-4-1)如下:

(1)中远距离投篮不中,球弹出的距离较远,篮下投篮不中,球弹出的距离较近,在球篮一侧45°角投篮不中,一般球弹出的方向是另一侧45°角地区或反弹回同侧45°角地区;

(2)正对球篮投篮不中，球都会回弹到罚球线附近；
(3)底线 0°角投篮不中，一般球会弹向球筐两侧方向。

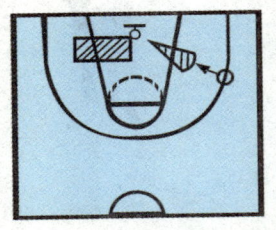

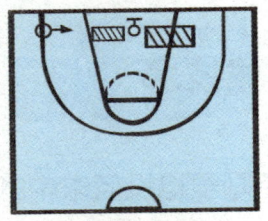

图 9-4-1

二、起跳动作

起跳动作是抢位后紧跟着进行的一个连续动作。起跳不仅要求在起跳腾空后，身体达到一定的高度，而且要根据球的反弹高度、方向和落点，采取不同的起跳蹬地用力的方向，使起跳后抢球手有利于在空中接近反弹的方向和落点。抢篮板球时，防守队员一般多采用原地上步、撤步或跨步的双脚起跳方法，进攻队员则多采用助跑单脚起跳或跨一两步双脚起跳的方法。

三、空中抢球动作

空中抢球分为双手抢篮板球、单手抢篮板球和点拨球三种。

（一）双手抢篮板球

双手抢篮板球的动作方法（见图9-4-2）是：

起跳后，身体充分伸展，手臂触球一瞬间，立即收腹下拉，将球持于胸前，落地有缓冲。

图 9-4-2

（二）单手抢篮板球

单手抢篮板球的动作方法（见图9-4-3）是：

起跳后，一侧手臂充分伸展，触球一瞬间，利用手指、手腕力量，迅速下拉球，将球迅速持于胸前，同时另一只手注意保护球，将球控制好。

图 9-4-3

(三)点拨球

点拨球的动作方法(见图9-4-4)是:

运用手指将球点给队友,与单手抢篮板球技术相同,只是判断要准确,对队友位置要明了。

图9-4-4

四、获球后动作

获球后有以下两种处理方法:

(1)获球后可直接空中进行投篮(补篮),或者传给投篮更有利的队友;

(2)没有机会投篮或传球,落地后应该注意缓冲,两膝弯曲,同时两手保护球于胸前,两肘外展。

第十章 篮球基础战术

篮球基础战术是指比赛中运动员有针对性地综合运用篮球技术，相互协同配合，最大限度地发挥个人和全队整体攻防实力的多种特殊组织形式与方法的总称，分为进攻战术和防守战术两大方面。

第一节 进攻战术

进攻战术是指进攻一方合理运用技术、规则，相互协同配合，发挥个人和全队整体实力，最终完成得分目的的手段与方法的总称。对于初学者来说，应该重点掌握进攻基础配合和快攻这两项最为基础和常用的进攻战术。

一、进攻基础配合

进攻基础配合是指在比赛中，进攻队员两三人之间，以特定的专门方式所形成的简单配合方法，分为传切（空切）、突分、掩护配合和策应等。

（一）传切（空切）

传切（空切）是队员之间利用传球和切入技术所形成的简单配合，包括一传一切配合和空切配合两种。

1. 一传一切配合

一传一切配合是指持球队员传球后，利用起动速度或假动作摆脱防守，向篮下切入接回传球投篮的配合，动作方法（见图10-1-1）是：

⑤传球给⑥，⑤向左侧做切入假动作，同时观察防守❺的移动情况，然后突然从右侧切入，侧身面向球，接⑥的传球投篮。

2. 空切配合

空切配合是指无球队员掌握时机，摆脱对方，切向防守空隙区域接球投篮,或者做其他进攻配合,动作方法(见图10-1-2)是：

④传球给⑤时,❻利用❻未及时调整位置的机会,突然横切或沿底线切向篮下,接⑤的传球投篮。

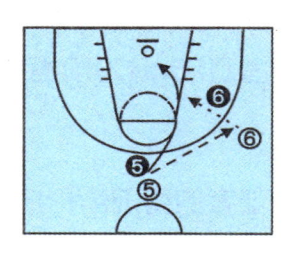

图 10-1-1　　　　　图 10-1-2

(二)突分

突分配合是指持球队员突破对方后,遇到对方的补防或协防时,及时将球传给进攻时机最佳的同伴进行攻击的一种配合,动作方法(见图10-1-3)是：

(1)④持球从左侧底线突破❹后,遇到❺补防时及时传球给横切的⑤投篮；

(2)④持球纵向突破❹时,当❺补防时,④及时传球给⑤投篮。

图 10-1-3

（三）掩护配合

掩护配合是指进攻队员选择正确的位置，运用规则限定的合理的身体动作，挡住队友防守者的移动路线，使队友摆脱防守，获得接球投篮或其他进攻机会的一种配合方法，分为前掩护、侧掩护和后掩护等。

1.前掩护

前掩护是指掩护队员站在队友防守者的身前所形成的掩护配合，动作方法（见图10-1-4）是：

⑤传球给④后，向篮下做切入动作，然后到❹前面做掩护，④可投篮或突破。

2.侧掩护

侧掩护是指掩护队员站在己方防守者的侧面所形成的掩护配合，动作方法（见图10-1-5）是：

（1）⑤传球给④后，移动到❹身体左侧做侧掩护，④接球后瞄篮或做向左侧突破的动作；

（2）当⑤掩护到位时，④立即从右侧贴着⑤的身体运球突破上篮；

（3）⑤立即转身切向篮下，抢篮板球或接球投篮。

3.后掩护

后掩护配合是指前锋为后卫做后掩护的配合，动作方法（见图10-1-6）是：

（1）第一种情况是⑤传球给⑥时，④跑到❺身边给⑤做后掩护，⑤传球后做向左切入假动作吸引❺的防守，当④掩护到位时突然向右侧切入篮下接⑥的传球投篮；

（2）第二种情况是④给⑤做后掩护时，❹与❺换防，及时转身切向篮下,接⑥的传球投篮。

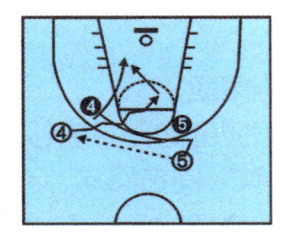

图 10-1-4

图 10-1-5

图 10-1-6

(四)策应

策应配合通常在高大中锋中运用较多,策应时进攻队员背对或侧对球篮,接球后以其为枢纽,通过多种传球方式与外线队员的空切、绕切相结合,摆脱防守,创造各种里应外合进攻机会,分为中锋外策应和中锋内策应等。

1. 中锋外策应

中锋外策应的动作方法(见图 10-1-7)是：

⑤传球给④后,向左侧切入,然后以④为枢纽从右侧绕切,同

时策应队员④先做传球给⑤的假动作,然后转身把❹挡在身后,将球传给绕切过来的⑤,⑤接球后可以投篮、突破或传给策应后下切的④。

2.中锋内策应

中锋内策应的动作方法(见图10-1-8)是:

⑥传球给⑦,向右移动,与④在策应队员⑦身前做交叉绕切,⑦可将球传给绕切的④或⑥,也可自己转身进攻。

图10-1-7

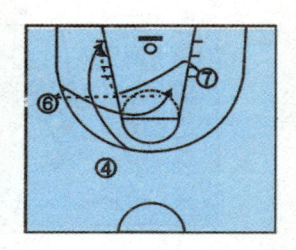

图10-1-8

二、快攻

快攻是由防守转入进攻时,全队以最快的速度和最短的时间,将球推进至前场,争取造成人数上和位置上的优势,以多打少,果断而合理地进行快速攻击的一种进攻战术。在获得后场篮板球、抢球、断球、打球和跳球时,都可以发动快攻,包括长传快攻、传球与运球结合快攻和个人运球突破快攻等。

(一)长传快攻

长传快攻是队员在后场获球后,用一次或两次传球把球传给篮下队友进行攻击的一种方法,包括抢篮板球长传快攻、掷后场端线球长传快攻、断球长传快攻和跳球长传快攻四种情况,以抢篮板球长传快攻为例。

抢篮板球长传快攻的动作方法(见图10-1-9)是:

④抢到篮板球后,应观察全场情况,掌握发动快攻的时机,⑦和⑧及时快攻超越防守。④根据情况,长传球给⑦或⑧进行投篮。④、⑤、⑥应随后插空跟进。

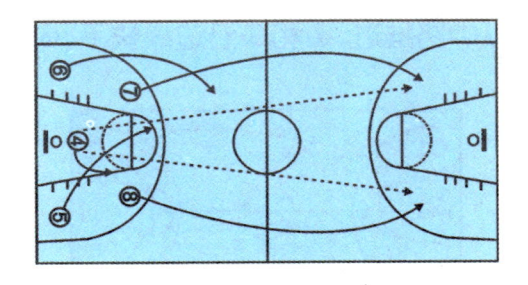

图 10-1-9

(二)传球与运球结合快攻

传球与运球结合快攻的动作方法(见图10-1-10)是:

④抢到篮板球后,将球传给接应的⑥,⑥又把球传给插中路的⑤运球推进, ⑦和⑧沿边线快下, ⑤根据情况将球传给⑧或⑦投篮,④和⑥随后跟进。

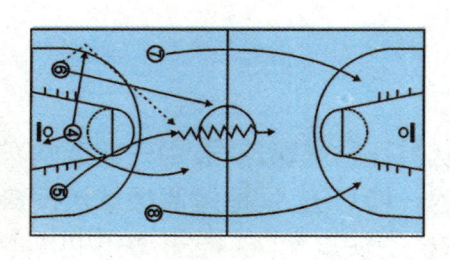

图 10-1-10

(三)个人运球突破快攻

个人运球突破快攻的动作方法(见图 10-1-11)是：

④抢到篮板球后，⑤插中接应，并将球传给沿边线跑动的⑧，⑧再回传给⑤，从中路推进，⑦和⑧沿边线快下，⑥和④随后跟进。

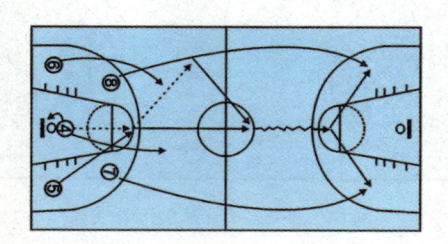

图 10-1-11

第二节 防守战术

防守战术是指比赛中防守一方有针对性地综合运用技术或规则，相互配合，最大限度地发挥个人和全队整体力量，以阻碍对方任何形式得分的战术。对于初学者来说，应重点掌握防守战术基础配合和防守快攻两种战术。

一、防守战术基础配合

防守战术基础配合是指在比赛中，防守队员两三人之间采用的协同防守配合的方法，包括抢过配合、穿过配合、绕过配合、交换配合、夹击配合、补防配合和关门配合等。

(一) 抢过配合

抢过配合是指对方进行掩护时，防守队员在掩护队员接近自己的刹那间，迅速抢前一步贴近自己的防守队员，并从两人中间挤过去，继续防守，动作方法（见图10-2-1）是：

④传球给⑤后给⑥做掩护，❻在④靠近自己的刹那间，迅速抢前一步贴近⑥，并从⑥和④中间抢过去继续防守⑥。

图 10-2-1

(二) 穿过配合

当进攻队员进行掩护时，防守掩护的队员要及时提醒队友并主动后撤一步，让队友及时从自己和掩护队员之间穿过，以便继续

137

防住各自的目标,动作方法(见图 10-2-2)是:

⑤传球给⑥后去给④做掩护,❻及时提醒同伴,❹当⑤掩护到位前刹那间主动后撤一步,从⑤和❻中间穿过去,继续防守④。

图 10-2-2

(三)绕过配合

绕过配合是破坏对方掩护配合、及时防守对方的又一种配合。当进攻队员进行掩护时,做防守掩护的队员主动贴近对方,让队友从自己的身旁绕过,继续防住各自的目标,动作方法(见图10-2-3)是:

⑥传球给⑤并去给他做掩护,⑤传球给④后利用⑥的掩护向篮下切入,❺从❻和⑥的身后绕过继续防守⑤。

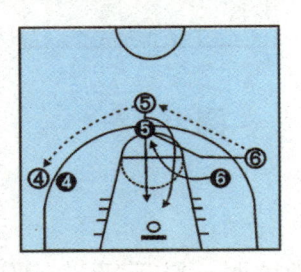

图 10-2-3

(四)交换配合

交换配合是指为了破坏进攻队员的掩护配合，防守队员之间及时地呼应，交换自己所防目标的一种配合，动作方法（见图10-2-4）是：

⑤打算给④做掩护，❺要主动给队友发出换人信号，及时堵截④向篮下突破的路线，此时❹应及时调整自己的防守位置，防止⑤向篮下空切。

图 10-2-4

(五)夹击配合

夹击配合是指两名防守队员有目的地同时采取突然行动，封堵和围夹持球者的一种配合，动作方法（见图10-2-5）是：

④从底线突破，❹封堵底线，迫使④停球，❺同时迅速向底线跑去，与❹共同夹击④，封堵其传球路线，迫使其违例或失误。

图 10-2-5

(六)补防配合

补防配合是指防守队员在队友漏防时,立即放弃自己的目标,去补防进攻者,而漏人的防守队员应及时换防另一进攻者的一种协同防守配合,动作方法(见图10-2-6)是:

⑤传球给④后,突然摆脱❺的防守,直插篮下,此时❻放弃对⑥的防守去补防⑤,❺去补防⑥。

图 10-2-6

(七)关门配合

关门配合是指两名防守队员靠拢,协同防守突破的配合,动作方法(见图10-2-7)是:

当⑤向右侧突破时,❹和❺进行"关门";向左侧突破时,❻和❺进行"关门"。

图 10-2-7

二、防守快攻

防守快攻是指在由攻转守的瞬间及时组织防守阵形，主动阻止和破坏对方组织的快攻的防守战术，包括两人平行站位防守、两人重叠站位防守和两人斜线站位防守等。

(一)两人平行站位防守

两人平行站位防守的动作方法(见图10－2－8)是：

❺防守⑤运球突破，❹兼顾⑥和⑧的行动，随球转移，积极防守有球队员。

图10－2－8

(二)两人重叠站位防守

两人重叠站位防守的动作方法(见图10－2－9)是：

当⑥中路运球推进，⑦和⑧沿边线快下时，❹上前堵截中路，❺在后兼顾⑦和⑧的行动，当⑥将球传给⑦时，❹立即前去防守⑦，❺后撤控制好篮下并兼顾⑧和⑥。

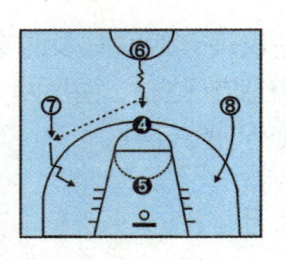

图 10-2-9

(三)两人斜线站位防守

两人斜线站位防守的动作方法(见图 10-2-10)是:
当④和⑤进行短传推进时,❹先选择偏左的位置防守,当⑤将球传给④时,❹要立即移动堵截④,❺选择有利位置兼防⑥和⑤。

图 10-2-10

第十一章 篮球比赛规则

篮球的裁判法是临场裁判员的工作依据。掌握规则与裁判法，对于裁判员提高临场裁判水准、充分发挥运动员技战术水平等方面都有重要的意义。本章主要介绍篮球运动的程序和裁判方面的有关知识。

第一节 程序

篮球运动与其他各项体育运动一样,有严格的比赛规则,包括参赛办法和比赛方法等。

一、参赛办法

(一)人数与换人

具体要求如下:
(1)根据比赛形式及规模,每队上场队员人数应为 5 人;
(2)每队每节不计换人次数,在死球时比赛计时钟停止的情况下进行换人,以及在报告犯规,裁判员结束与记录台的联系的情况下进行换人。

(二)比赛时间

(1)比赛时间的分配有三种:上、下两个半场各半小时制,上、下两个半场各 20 分钟制,每场 4 节(每节 12 分钟)制。
(2)第一节和第二节,第三节和第四节中间的休息时间分别为 2 分钟,半场之间的休息时间为 10 分钟或 15 分钟。

(三)进程安排

(1)两个裁判员应在比赛开始前至少 20 分钟进入场地,站在

记录台前面位置,观察和管理球队成员的准备活动,主裁判员检查场地、器材设备,选择比赛用球;

(2)离比赛开始前6分钟,主裁判应通知所有队员停止练习,回到球队席;

(3)记录台将两队队员、教练员及临场裁判员介绍给观众后,主裁判员发出离比赛还有3分钟的信号,然后练习一下抛球;

(4)在离比赛开始1分钟时,主裁判员通知队员停止练习,离开场地回到球队席;

(5)当确认每名队员都已做好比赛准备后,主、副裁判员握手,然后持球进入场地,招呼双方队员入场,用握手的方式明确场上队长;

(6)两队在中圈以跳球方式开始比赛;

(7)比赛结束后,所有队员应向观众表示感谢。

二、比赛方法

适当的比赛方法是确保比赛公平、公正的前提条件,也是客观反映参赛队竞技水平的重要保证,而且对竞赛的组织工作也有很大的影响。篮球比赛中通常采用淘汰法和循环法两种方法。

(一)淘汰法

淘汰法是在比赛中以胜进负退来确定比赛名次的一种方法,即获胜队可以继续参加下一层次的比赛,失败队失去继续参加下一层次比赛资格的方法。失败一次即失去继续比赛资格的方法为单淘汰,失败两次即失去继续比赛资格的方法为双淘汰,和同一队以三战二胜、五战三胜或七战四胜的形式进行淘汰的方法为多场淘汰。这里主要介绍单淘汰和双淘汰。

1. 单淘汰的编排法

先根据报名参加的队数，对照2的n次方大于等于N的关系式，来确定比赛的场数、轮数和号码位置数（N为参赛队数，n为大于1的正整数），比赛场数＝N-1，比赛轮数＝n。

然后由参赛队抽签，确定参赛队在比赛中的号码位置，再按顺序将号码两两相连，列出单淘汰的轮次表。

例如，8个队参加比赛（2的3次方＝8），一共要打7场比赛，分3轮进行（见图11-1-1）。

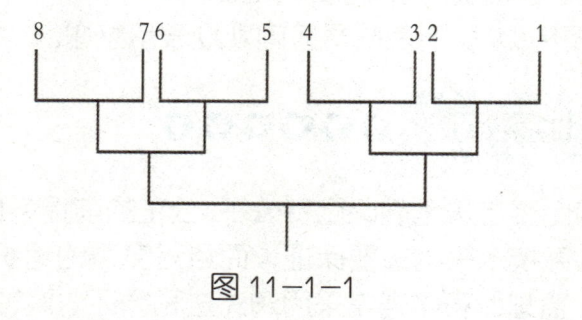

图11-1-1

2. 双淘汰的编排法

双淘汰的办法是为了使在第一轮中失败的队能够有机会继续参加比赛，甚至参加到最后争夺第一名的比赛，以减少单淘汰中产生偶然性结果。

双淘汰的编排，第一轮与单淘汰的编排相同，从第二轮起，把失败的队再编起来比赛，只有第二次失败的队才被淘汰。因而，即使在第一轮比赛中失败的队,只要在以后的比赛中能够保持不败,就有可能去争夺冠军(见图11-1-2)。

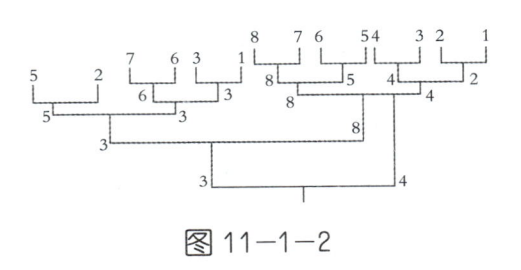

图 11-1-2

(二)循环法

循环法是使参加比赛的队,在整个竞赛中或在同一组的竞赛中,都能够相遇比赛,最后根据各队在比赛中的胜负场数,按一定的计分办法排列名次的一种办法。

所有参赛队都能相遇比赛一场的为单循环,所有参赛队都能相遇比赛两场的为双循环,所有参赛队都能相遇比赛两场以上的为多循环。

在参赛队数较多而竞赛时间有限的情况下,往往把参赛队分成若干小组,分别进行单循环,这就是从单循环衍生出来的分组循环。

第二节 裁判

篮球运动有严格的竞赛规则和裁判方法,它是引导比赛正常

进行的必要手段,有利于运动员技战术水平、体育道德等方面的提高。因而裁判员应严格、公平、公正地做好裁判工作。

一、裁判员

裁判员是根据竞赛规程和比赛规则的规定,执行其比赛组织工作的人员。一般而言,比赛中执法的裁判员分为前导裁判员、追踪裁判员和中央裁判员。

二、记分

记录员的工作非常重要,记录员根据规则填写记录表并与裁判员进行合作,在比赛中断时(包括换人和暂停等情况),用蜂鸣器通知裁判员。

记录员的记录必须准确无误,这是全场比赛进程及最终结果的唯一文字依据。

三、犯规及判罚

犯规是违反规则的行为,包括与对方队员的不正常身体接触动作和违反体育道德的行为。

(一)犯规

(1)阻挡犯规是指阻止持球或不持球的对方队员行进的、非法的身体接触;

（2）撞人犯规是指持球或不持球的队员推动或移动到对方队员躯干上的身体接触；

（3）背后防守犯规是指防守队员从对方队员的背后与其发生的身体接触；

（4）拉人犯规是指干扰对方队员自由移动而发生的身体接触；

（5）非法用手犯规是指在防守队员处于防守状态时，用手去接触对方队员，阻碍其行进；

（6）推人犯规是指用身体的任何部位强行移动，或试图移动已经或没有控制球的对方队员时发生的身体接触；

（7）非法掩护犯规是指试图非法拖延或阻止非控制球的对方队员到达希望到达的场上位置。

（二）判罚

（1）被犯规人没做投篮动作，则在离犯规地点最近的界外掷球继续比赛；

（2）如果被犯规人在做投篮动作（2分球为例），投中2分有效加罚1次，如果不中则罚球2次；

（3）单节比赛一队累计犯规达4次，如果再有犯规，则进行罚球处理。

四、违例

（一）跳球违例

（1）两名跳球队员的脚要站在靠近本队球篮一边的半圈内，一

只脚靠近两人之间线的中心,不准上步助跳,否则判为违例;

(2)在球到达最高点之前,不准触球,否则判为违例;

(3)不能直接抓球或触球两次,否则判为违例;

(4)在球被合法地拍击前,任一跳球队员都不得离开他的位置;

(5)跳球队员拍球前,非跳球队员不得进入跳球圈。

(二)运球违例

队员控制球在球离手之后,在球触及另一队员之前再触及球为运球违例。每次运球必须使球与地面接触,运球后,队员用双手同时触及球,或使球在一手或两手中停留的瞬间运球即告完毕。队员第一次运球结束后不得再次运球,除非又重新控制球才可以运球。以下为非违例情况:

(1)连续投篮;

(2)运球前漏接,球拿稳后可以运球,运球后漏接,可以拿住球,不能再运球;

(3)与附近的其他队员抢球中用挑、拨球,试图控制球,获得球后可运球。

(三)走步违例

(1)队员双脚着地接球,可用任何一只脚作为中枢脚,两脚分先后着地,则先着地的脚为中枢脚,队员在移动中或运球结束时,接球一脚着地,队员可以跳起这只脚并双脚同时落地,则两脚都不是中枢脚,违反以上规则者,则判为走步违例;

（2）运球开始时，在球离手前中枢脚不能抬起，队员可以抬起中枢脚进行投篮或传球，但在球离手前中枢脚不能落回。

（四）球回后场违例

某队在前场控制活球，该队的队员不得使球回后场。如果控制球队的队员在前场接触了球而使球进入后场，该队的队员在后场又先接触了球，即为球回后场违例。

（五）干扰球违例

以下情况裁判应判干扰球违例：
（1）投篮的球在飞行中下落，并完全在篮圈水平面之上时，攻守双方队员不可以触及球篮；
（2）投篮中当球碰击篮板后完全在篮圈水平面之上时，也不可以触及球；
（3）当球接触篮圈时，攻守队员都不得触及球篮或篮板；
（4）进攻或防守队员不得从下方伸手穿过球篮，并触及在篮圈水平面之上的球。

（六）踢球与用拳击打球违例

凡用拳击球，或故意用膝及膝以下的任何部位击球，或拦阻球者判为违例。脚或腿偶然接触球不算违例。

(七)时间违例

1. 3秒违例

进攻队控制球组织进攻时,该队队员不得在对方限制区内停留超过3秒,否则判为违例。

2. 5秒违例

任何队员在原地严密防守之下,5秒内球没有出手,掷界外球超过5秒,以及罚球超过5秒,都要判为违例。

3. 8秒违例

任何进攻队都应该在8秒内使球进入前场,否则判为违例。

(八)发球违例

以下情况均视为违例:

(1)没有投中篮或触及篮圈;

(2)时间超过5秒;

(3)球触及篮圈,踩罚球线或者提前进入限制区域;

(4)做假动作。